インド特許法改正と医薬品産業の展望

目次

第1章 はじめに

1.1 テーマ設定の背景 　　10
1.2 インド製薬産業の動向およびインド政府の特許政策 　　12
　　インド製薬産業の動向 　　12
　　TRIPS協定合意および物質特許導入の背景 　　12
　　インドへの物質特許導入に関する論議 　　14
1.3 研究課題と研究目的 　　16

第2章 インド製薬産業およびインド特許法の変遷と現状

2.1 インド製薬産業の位置づけ 　　20
2.2 特許の観点からみた製薬産業の特殊性 　　28
2.3 インドの製薬産業の現状 　　32
　　内資対外資系製薬企業 　　33
　　疾患プロフィール 　　34
　　インドの医薬品規制 　　35
　　インドの医薬品購買動向 　　36
　　インド製薬企業の技術力の高さ 　　36
　　インドの製薬産業の発展 　　38
2.4 インドの特許法 　　39
　　特許法の変遷 　　39
　　インド特許法2005年改正法第3条d項 　　41
　　メールボックス 　　43
　　排他的販売権（EMR） 　　44

第3章 研究内容および研究方法

- 3.1 仮説の設定 　48
- 3.2 仮説 　48
- 3.3 研究内容・研究方法 　49
- 3.4 研究のフレームワーク 　51

第4章 先行研究の検討

- 4.1 途上国と特許法 　54
- 4.2 物質特許導入の影響 　57
- 4.3 インド特許法2005年改正第3条d項 　62
- 4.4 インド製薬産業のビジネスモデルの変化 　67
- 4.5 作業仮説の設定 　69

第5章 インド製薬産業の指標分析—各種データ分析

- 5.1 データ分析手法 　72
- 5.2 インド製薬企業の株価分析 　74
- 5.3 インド製薬企業の業績分析—売上、利益の推移 　77
- 5.4 インド製薬企業の研究開発投資の推移 　82
- 5.5 パイプライン分析 　85
- 5.6 特許出願動向の分析 　87
- 5.7 貿易統計の分析：医薬品の輸出入の動向（中間体・バルクおよび最終製品） 　89
- 5.8 インド製薬産業の発展モデルの分析 　92
- 5.9 まとめ 　96

第6章 物質特許導入後の特許法実施状況の分析

6.1 検証手法：現地インタビュー調査の概要　　100
　　インドの製薬業協会　　101
　　インドの製薬産業　　101
　　インド政府　　102
　　大学　　102
　　法律事務所およびコンサルタント　　103

6.2 製薬産業界および政府の視点　　104
　　IDMA　　104
　　IPA　　105
　　OPPI　　106
　　CSIR　　107

6.3 第3条d項に基づく特許審査拒絶のケース　　108
　　Novartis社「グリベック」の特許拒絶　　108
　　「タルセバ」をめぐるRoche社とCipla社の係争　　110

6.4 研究開発成果の顕在化動向　　111
　　新薬開発会社　　112
　　ライセンスアウト　　113
　　　（1）Glenmark社のケース　　113
　　　（2）Dr. Reddy's社のケース　　114
　　ドラッグデリバリーシステム（DDS）　　114

6.5 作業仮説の検証　　116

6.6 第3条d項の役割についての考察　　118

第7章 「第3条d項」応用の可能性

- 7.1 他の途上国への応用の可能性の分析 …… 124
  - ブラジルのセーフガード手法：
  - 特許リンケージと強制実施権 …… 127
    - （1）特許リンケージ …… 128
    - （2）強制実施権 …… 129
    - （3）ブラジルにおける第3条d項の応用の可能性 …… 130
- 7.2 他の産業への応用の可能性の分析 …… 131
- 7.3 地域・産業特性化と第3条d項のもつ可能性 …… 134

第8章 結論および今後の課題

- 8.1 各章のまとめ …… 136
- 8.2 総括 …… 141
- 8.3 今後の課題 …… 143
- 8.4 エピローグ …… 144

用語解説 …… 149
【注】 …… 154
引用文献 …… 156

第 1 章

はじめに

第1章ではインドを研究対象として選んだ理由を述べ、
インドの製薬産業の変遷をもたらした、
世界貿易機関（World Trade Organization，WTO）・
「知的財産権の貿易関連の側面に関する協定（TRIPS協定）」
の役割について説明した。
その上で本研究の課題と研究目的を明らかにした。

1.1
テーマ設定の背景

　1995年に世界貿易機関（World Trade Organization, WTO）の創設に合わせて新たな枠組みとして発効した「知的財産権の貿易関連の側面に関する協定（TRIPS協定）」（注1）は、知的財産権の保護に関してWTOが遵守すべき最低基準（ミニマムスタンダード）（注2）を定めている。これにより、WTO加盟国は、先進国・途上国を問わず、TRIPS協定を順守する特許法を自国に取り入れる義務を負うこととなった。

　TRIPS協定の策定にあたっては、先進国、とりわけ米国の意向が強く反映され、先進国が当時（1995年時点）採用していた物質特許（#1）をも含む知的財産制度の導入を、途上国も含むすべてのWTO加盟国に課すという、途上国にとってはハードルの高い内容となった。産業の発展した先進国にとっては、知的財産権の保護は、産業をよりいっそう発展させる糧であり、経済発展の牽引車である。製薬産業にとって、特許、とりわけ物質特許は、医薬品となる化学物質（あるいは生物製剤）そのものを長年にわたり保護するもので、きわめて重要な役割を果たす（注3）。

　しかし、先行研究は、途上国に物質特許が導入されると自国の産業の発展が妨げられることを示唆している。たとえば、La Croix & Kawaura（1996）は、韓国と日本における物質特許導入前後の製薬産業の株価を調べ、製薬分野で「産業が未発達な発展途上国に物質特許が導入された場合、自国の産業の発

第1章　はじめに

展に悪影響を与える可能性がある」と結論づけている。

　TRIPS 協定は 1995 年に発効し、途上国にも先進国並みの特許保護システムの導入が義務化された。ただし、途上国には、5 年から 10 年の猶予期間が与えられた。しかし TRIPS 発効後もなお、途上国に対する、先進国並みの特許保護システムの導入義務をめぐっては、そのマイナス面を懸念する声が、当事者の途上国のみならず、国際 NGO・NPO、先進国、学者、患者団体などさまざまな利権者からも表明された。

　世界第 2 位の人口を有し、途上国に分類されるインドでは、英国植民地時代から、長い特許制度の歴史をもつ英国の制度に則った特許制度を保有していた。ところが、1911 年特許意匠法（Patents & Designs Act, 1911）が、国内産業保護政策の下で 1970 年に改正され、1970 年特許法においては、製薬などの分野での物質特許保護が排除された（注 4）。この結果、インドの製薬企業は、他国では特許保護下にある医薬品を合法的に生産し、大きく発展を遂げ、2005 年には世界第 4 位の生産量を誇るまでに成長した。

　しかし、インドは WTO 発足時からの原加盟国であり、TRIPS 協定の規定に従い 2005 年に特許法を改正し、物質特許を再導入した（岩田, 2008a）。製薬産業が世界第 4 位にまで大きく成長を遂げた後に物質特許が再導入されたことで、インドでは、製薬産業への負の影響が懸念された。具体的には、特許導入で医薬品価格が高騰する、あるいは、これからは違法となるため特許製品の模造ができなくなる、などである。

　本書で紹介する研究は、このような興味深い背景をもつインドを、"物質特許導入の影響を分析する事例" として選ぶことから出発した。

1.2
インド製薬産業の動向およびインド政府の特許政策

インド製薬産業の動向

　インドの製薬産業は、TRIPS協定の合意を受けて、それまでのリバースエンジニアリング（#2）を使ったジェネリック医薬品（#3）専業モデルを見直すことを迫られた。インドの大手医薬品企業のアニュアルレポートなどのデータから、一部のインドの大手製薬企業は、TRIPS協定が発効した1990年中葉から、研究開発投資を増やし、付加価値をつけたジェネリック医薬品や、新規化合物（New Chemical Entity, NCE）の開発に着手していることが示されている。従来のジェネリック医薬品に加えて、付加価値のあるブランデッドジェネリック医薬品（#4）や先発医薬品（#5）も取り込むことで、特許法導入による経営業績に対する負の影響を回避することを意図したものと考えられる。

TRIPS協定合意および物質特許導入の背景

　インドは英国の支配下にあったころから宗主国の影響を受けて、特許を保護する法制度を設けてきた。英国から独立（1947年）後のインドには、内資の製薬産業が未熟だったため、外資系製薬企業が多数入り込み、インド市場を席巻していた。日本製薬工業協会の国際委員会が取りまとめた研究資料No.400「インド薬業事情」（2009年7月）によれば、1970年時点での、インド市場における外資系製薬企業の占有率は68％だった（日

本製薬工業協会，2009a）。山名（2007a）によると、1970年時点で、インドの医薬品の価格は世界で最も高かった。外資系製薬企業による、インド市場の占領を嫌気した当時のインディラ・ガンジー首相は、インド市場から外資系企業を駆逐するため、さまざまな政策（注5）を実行した。そのうちの1つが、「1970年特許法（The Patents Act, 1970)」であった。1970年特許法により、それ以前の1911年法では認められていた医薬品などの物質特許保護が排除され（注6）、プロセス特許しか認められなくなった（森，2007）。

　1970年特許法の下で物質特許保護が廃止されると、その法制度を嫌気し、外資系製薬企業は次々とインド市場から撤退していった（久保，2007a）。物質特許保護がなくなったことにより、インドの製薬企業は、海外では特許保護の下にあるブランド品（先発品）を、国内では合法的に製造することができ、インド国内および特許保護のない海外市場（おもに発展途上国）で販売することができた（川端，2007）。さらに、1970年特許法の下で多数のインド企業が医薬品市場に参入した結果、過当競争が起き、インドでは医薬品価格が1970年代以降急落した。近年ではインドの医薬品価格は世界で最も安いとされる（久保，2007a）。このため、低価格のインドのジェネリック医薬品は、インド国内ばかりでなく、海外でも人気を博し、インドの製薬企業は大きく発展を遂げた。

　しかし、1995年に発効したTRIPS協定により、WTO加盟国であるインドは、2005年までに同国の特許法を国際的な特許制度（TRIPS準拠）へと改正することを余儀なくされた。この物質特許の導入に対しては、インド国内で多くの反対があり、紆余曲折があったものの、インド政府は、TRIPSが求め

た導入の期限である 2005 年 1 月 1 日までに形式的に物質特許を導入した。しかしながら、大きく育った自国の製薬産業の発展を維持したいインド政府は、2005 年改正特許法に、製薬の特許性を厳しく制限する「第 3 条 d 項」を導入した（岩田, 2008a）。

インドへの物質特許導入に関する論議

TRIPS 合意に基づき途上国に物質特許導入が義務化されると、途上国や、支援団体から、多くの懸念が示された（Third World Network, 2001）。おもな論点は以下のとおりである。

（1）特許が途上国に導入されると、医薬品価格が上昇し、途上国の貧しい人々は医薬品へのアクセスを失う。【医薬品アクセスの喪失の問題】

（2）特許が途上国に導入されると、途上国の産業が発展を阻害される。【産業発展の阻害の問題】

（3）特許が途上国に導入されると、外資系企業が途上国へ参入し、途上国市場は輸入品であふれ、自国の産業が失われる。【外資系企業の参入の問題】

インドは高い技術力と安いコストを活かし、質の高い、安価なジェネリック医薬品（とりわけ AIDS 治療薬）を第三世界に多く輸出していたため、第三世界に住む国民の医薬品へのアクセスを支援している国境なき医師団 (#6) などの国際的 NGO・NPO 団体はこぞってインドへの物質特許導入に反対を表明した（国境なき医師団, 2005）。

また、インドの中小製薬企業の業界団体である IDMA（Indian Drug Manufacturers' Association、インド医薬品製造業者協会）（注 7）なども、物質特許導入によりインドの製薬産業が打撃

を受けると主張し、物質特許導入に反対を表明した（IDMAウェブサイト，2010）。

物質特許のインド国内への導入に対するおもな反対理由は以下のとおりである。

（1）インド市場の医薬品価格が上昇する。

（2）外資系企業がインド国内に参入する。

（3）インドの内資製薬産業は、海外の特許医薬品（♯7）をリバースエンジニアリングすることがもはや困難となり、特許品をまねた「ジェネリック医薬品」を製造できなくなる。

（4）これまでインド国内では物質特許が認められていなかったため、インドのジェネリック医薬品メーカーは他国のジェネリック医薬品メーカーに先駆けて、リバースエンジニアリングにより、ジェネリック医薬品の開発に着手できたが、物質特許導入後は、先発品の特許切れまでジェネリック医薬品の開発を待たなければならないため、規制市場向けのジェネリック医薬品輸出で、優位性を失う。

このように、反対意見の多くが、インドの製薬産業の衰退を懸念するものだった。一方、外資系製薬企業は、インドに物質特許が導入されることで、製薬産業が活性化され、衰退どころか逆にインドの製薬産業がいっそう発展すると主張した。

業界団体や国際NGO・NPOから発せられた議論や懸念を踏まえて、インド政府は、2005年改正特許法に、製薬の特許性を厳しく制限する「第3条d項」を導入した。「第3条d項」は、医薬品特許の特許性を厳しく制限することで、外資系企業による特許取得を制限し、申請を拒絶する（山根，2008）。インド政府は、「第3条d項」により、インドの国内市場を、外資系企業の侵入から守ることを意図した。

1.3
研究課題と研究目的

　途上国への特許導入に関する先行研究から、物質特許を含む厳格な特許制度が途上国に導入されると、その国の産業を衰退させる可能性があることが示されている。一方、インドの大手製薬企業の財務諸表やアニュアルレポートのデータからは、インドの製薬産業が2005年の物質特許導入以降も発展を続けていることが示されている。インドの製薬産業が、先行研究が示唆するような物質特許導入による産業の衰退を回避して、発展を継続しているのならば、その要因を分析することで、途上国が国際協調と国内産業の発展を両立させる戦略・戦術を見出すことができるかもしれない。

　その戦略・戦術の１つの可能性が、インド政府が2005年改正特許法に導入した第３条d項である可能性がある。ではこの第３条d項は、本当に、インドが国際社会における責務を果たしながら、インド政府が望んだように自国の製薬産業を守る役割も果たしたのだろうか？　さらに、インドの製薬企業が、TRIPS協定の合意ならびに2005年の改正特許法による物質特許導入により起こった市場の変化に対応するため、ビジネスモデルを変えたことがもう１つの要因と考えられる。インド製薬企業の財務諸表・アニュアルレポートからは、インドの大手企業が1990年中葉から研究開発投資を増加させ、新薬開発に着手したことが見てとれる。はたして物質特許の導入が、インド製薬企業のビジネスモデルの転換の引き金を引いたのであろう

か？　本書はこの2つの研究課題を解き明かすことを目的とする。

　TRIPS合意を機に、他の新興国・途上国にも物質特許が導入され始めている。本書における検討は、これらほかの新興国・途上国が、TRIPS合意を受けて物質特許を導入する際、新興国・途上国の国情に合った特許制度を構築する際、参考となる可能性があり、そういった観点から大きな意義があると考える。

第2章

インド製薬産業およびインド特許法の変遷と現状

第2章では、インド製薬産業およびインド特許法の変遷と現状を論じる。
まず、インド製薬産業の世界市場での位置づけを示し、
次に、特許の観点からみた製薬産業の特殊性をIT産業との比較で示す。
さらに、インド製薬産業の現状について、
内資および外資系製薬企業別の市場占有率、疾患プロフィール、
規制および購買動向の観点から分析し、最後に1970年改正特許法
および2005年改正特許法を中心にインド特許法の変遷を述べる。

2.1 インド製薬産業の位置づけ

　インドは1991年以来経済改革に取り組み、その成果もあり、1991年から2008年度まで年平均で6.8%の実質GDP成長率を達成した（椎野，2009）。2008年度（2008/2009年）のインドの国内総生産（GDP）は、1兆1153億USドルであった。2005年度、2006年度、2007年度は、9.5%、9.6%、9.3%の高い成長率を達成したが、2008年は、世界同時不況のあおりを受けて年成長率は6.7%にとどまった。

　リーマンショック後、多くの新興国がマイナス成長に転落する中、インドは不況を抜け出し、2009年度および2010年度は8.4%の成長を回復したが、2011年度は6.7%にとどまった。直近の2012年度および2013年度は、4.5%、4.7%とさらに鈍化した（JETROウェブサイト：インド基礎的経済指標）。Ernst & Young（2006a）のレポートによると、インドの製薬産業が

表2-1 インドの基礎的経済指標標

	2011年	2012年	2013年
実質GDP成長率(%)	6.7	4.5	4.7
名目GDP総額-現地通貨 (単位:100万)	83,916,910	93,888,760	104,728,070
名目GDP総額-ドル (単位:100万)	1,751,135	1,725,607	1,730,988
一人あたりGDP(名目)-ドル	1,553	1,515	1,505
消費者物価上昇率(%)	8.4	10.4	9.7

出典:JETROインド基礎的経済指標

表2-2　世界市場におけるインド市場の位置づけ

	sales($M)	Drug Exp/Capita($)
U.S.A.	27443	915
Japan	5601	441
France	3492	572
Germany	3272	399
U.K	2134	350
Italy	2110	364
Spain	1668	417
Canada	1541	467
China	1088	8
Korea	902	184
Brazil	845	45
Mexico	810	76
Turkey	7178	103
Australia	6794	340
India	553	5

Sales figures for as of Dec2006
出典: Sawhney, Arun(Dr. Reddy's社 API President)
"Globalization of Indian Pharmaceutical Industry,"CPhI Japan 2007
(2007年4月18日　東京ビッグサイト)プレゼンテーション資料より。(Sawhney 2007)

インドの GDP に占める割合は 1.3％である。門倉（2005）によると、製薬産業は IT 産業と並ぶインド経済の牽引役であり、290万人もの雇用を創出している。竹田（2009）も『インド IT 見聞録』の中で「IT と並ぶインドの産業は医療と製薬である」と述べている。

『図表で見る世界の医薬品政策』によると、世界の製薬市場は 6080 億 US ドル（2006 年実績）で、そのうち米国が 45.1％を占める（OECD, 2009a）。

表 2-2 は、2007 年時点における世界の製薬市場のおける各国市場占有率を示す。米国が世界の製薬市場のほぼ半分を占め、日米欧州の 3 極で世界市場のほぼ 80％を占める。インド市場

は 2007 年時点では世界市場の 1％を占めるにすぎなかったが、急速に拡大を遂げている (Sawhney, 2007)。IBEF によれば、2014 年時点でインドの製薬産業は生産量で世界第 3 位、生産高で世界第 10 位となり、世界市場の 1.4％を占めるようになった。インドの製薬産業は、今後年率 14％の成長を続けて 2018 年までには 470 億ＵＳドルにまで膨らむとみられている (IBEF ウェブサイト)。

上記のようにインドの製薬産業が急成長を遂げているのには、いくつかの要因がある。薬事日報は「インドの製薬会社の強みと弱み」(2007 年 9 月 4 日付) の記事の中で、インドの強みとして、

(1) 自国市場が経済成長とともに著しい成長を示しており、ポテンシャルが非常に高い。

(2) 技術力の高さに比して人件費が極端に安い（研究・開発・生産）。

(3) 政情が比較的安定している。

(4) 西欧文化の流入により契約に基づくビジネスを行いやすい。

(5) 国際的ビジネス用語である英語が準公用語である。

(6) 高等教育を受けた者だけでも数億人の労働力がある。

(7) 数学的素養が高いためか、科学技術のレベルが高い。

という点を挙げている（黒木，2007）。

図 2-1 は世界の製薬産業の概念図を示す。縦軸が技術力、横軸が医薬品価格を示し、丸の大きさは各国の市場の大きさを表す。IMS World Review Executive によると、2006 年時点では世界の製薬市場のおよそ半分を北米が占めており（44.3％）、続いて欧州市場（28.8％）、日本市場（9.9％）と続く。欧州を

第2章　インド製薬産業およびインド特許法の変遷と現状

図2-1 世界各国の技術力、医薬品価格、市場の相関（概念図）

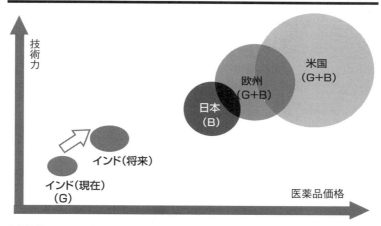

出典：「創薬の場としての競争力強化に向けて－製薬産業の現状と課題」
（医薬産業政策研究所2005）などの資料を基に筆者が作成

各国に分けて考えると、日本が世界第2位の市場となる。

医薬産業政策研究所がまとめた「製薬産業の将来像～2015年に向けた産業の使命と課題～」によると、医薬品価格は、自由市場である米国が高く、米国を1とすると、ドイツは0.52、フランスは0.49、英国は0.47、日本は0.33である（医薬産業政策研究所，2007a）。

なお、図2-1中の（G）はジェネリック医薬品、（B）はブランド医薬品を表す。医薬品には、大きく分けて、ブランド医薬品と、ジェネリック医薬品がある。概していえば、米国と欧州はブランド医薬品とジェネリック医薬品が混在する市場であり、日本はブランド医薬品がほぼ全量占める市場（金額ベースで約90％がブランド医薬品）であり（日本ジェネリック製薬協会，2012）、一方、インドはジェネリック医薬品がほぼ全量

を占める市場である（日本製薬工業協会，2009b）。

　技術力を測る指標にはいくつかあるが、新薬開発力が、その1つとして挙げられる。上述の「製薬産業の将来像～2015年に向けた産業の使命と課題～」は、2003年から2005年にかけてのオリジン国（新薬開発国）別品目数（ただし、世界売上げ上位100品目）を掲げている。

　図2-2は、オリジン国別品目数をグラフに表したものである。これによれば、米国発の医薬品が一番多く、次いで英国、日本、スイス、フランス、ドイツ、ベルギー、デンマークとなる。これ以外の国で開発された医薬品は各年とも4つずつしかない（医薬産業政策研究所，2007b）。

　同報告書は、さらに、新薬開発品目数と論文数を国別に比較している。図2-3に同報告書から引用した新薬開発品目数と論文数を国別に記す。図中の「新薬候補品」とは、2007年5月時点で、各製薬企業の開発パイプライン（＃8）に載っている新薬候補の分子の数のうち、フェーズI臨床試験から規制機関への承認申請中のものの数をさす。それによると、日本の開発品目数は、米欧諸国に比較して少ない。たとえば米国は1884種、欧州は英国・フランス・ドイツを合計して1573種である。これに対して、日本は349種に過ぎない（医薬産業政策研究所，2007c）。

　また同報告書によると、日本の製薬企業が1996年～2005年の10年間に投入した研究開発費は、欧米企業の4分の1程度にとどまっており、その間に創出された新薬数も3分の1から4分の1にとどまり、パイプライン数についても欧米企業の数を下回っている（医薬産業政策研究所，2007d）。

　図2-3で示す「基礎医学研究論文数」とは、インパクトファ

図2-2 オリジン国別品目数(世界売り上げ上位100品目)

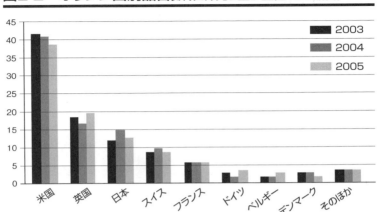

出典:「製薬産業の将来像—2015年に向けた産業の使命と課題」(医薬産業政策研究所2007)

クター(#9)の高い基礎医学研究雑誌4誌における発表論文数(2000年〜2006年)を指し、「臨床研究論文数」とは、インパクトファクターの高い臨床医学研究雑誌3誌における発表論文数(2000年〜2005年)を指す。論文数において日本は基礎医学分野では第4位であるのに対し、臨床医学分野では最下位となっている(医薬産業政策研究所,2007e)。

　これらのデータにインドは登場しないが、インドの国内市場はまだ小さい(世界市場の1〜1.4%)ながら、技術力が高く、医薬品価格が安いのが特徴である。後述するように、米国食品医薬品局(FDA)(#10)の査察工場はインドには75あり、これは、米国を除くと世界一である。さらに、略式医薬品承認申請(ANDA)(#11)および原薬等登録原簿(DMF)(#12)の登録数も他の国に比べて多い(TATA Strategic Management Group, 2008a)。

図2-3　新薬候補品及び論文数の主要国比較

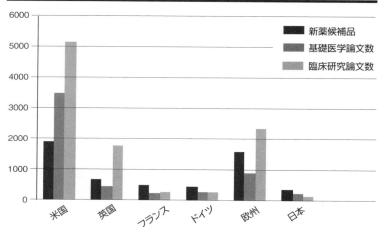

出典:「製薬産業の将来像——2015年に向けた産業の使命と課題」(医薬産業政策研究所2007)
(単位は、新薬候補品が個数、論文が本数である)

　前述のように医薬品には、大きく分けて、ブランド医薬品と、ジェネリック医薬品があり、米国と欧州はブランド医薬品とジェネリック医薬品の混在する市場、日本はブランド医薬品がほぼ全量を占める市場、インドはジェネリック医薬品がほぼ全量を占める市場といえる。

　図2-4は、ブランド医薬品とジェネリック医薬品の国別状況を表した概念図である。丸の大きさが市場の大きさを示す。

　ジェネリック医薬品は、通常一般名（ジェネリックネーム）で販売される。ジェネリック医薬品の名前の由来はここからくる。付加価値のないジェネリック医薬品はバニラジェネリックともよばれる。

　ジェネリック医薬品メーカーの一部は、ジェネリック医薬品に付加価値（たとえば、薬剤の飲みやすさや徐放性、利便性や

図2-4 ブランド医薬品、ジェネリック医薬品の国別状況（概念図）

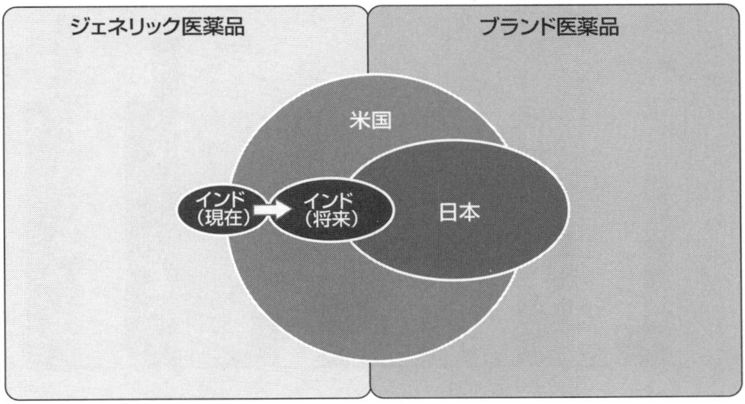

出典:「創薬の場としての競争力強化に向けて―製薬産業の現状と課題」
（医薬産業政策研究所2005）などの資料を基に筆者が作成

安全性など）をつけた製品を開発し、独自のブランド名をつけて販売している。こういった製品は、スーパージェネリックあるいはブランデッドジェネリックとよばれる。インドの大手ジェネリック医薬品メーカーは、近年、付加価値をつけたスーパージェネリックあるいはブランデッドジェネリックに力を入れており、売上げを急速に伸ばしている（インド大手製薬企業のアニュアルレポートより）。

　図2-5は、金額および数量でみたジェネリック医薬品の国別市場占有率を示している。なお、ジェネリック比率は、各国の国内市場における比率を示す。図が示すように、数量ベースで論じると、米国は市場のほぼ半分（53%）がジェネリックで占められている。英国（49%）並びにドイツ（41%）はジェネリック率が高いが、フランスは12%と低い。日本はジェネリック率が16％ほどである（OECD, 2009b）。前述のように、インド

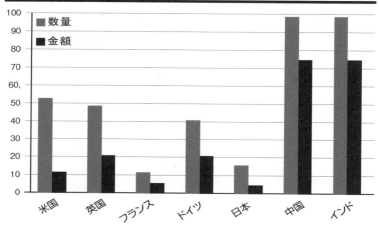

出典:「図表で見る世界の医薬品政策」(OECD編)(単位は%)

はジェネリック医薬品がほぼ全量を占める市場である(日本製薬工業協会, 2009b)。

2.2 特許の観点からみた製薬産業の特殊性

新規医薬品の開発には、長期間(10年～20年)と膨大な研究開発投資(1000億円以上)が必要とされる(桑島, 2006)。参入障壁がきわめて高いため、現在新薬を開発している国は世界に7カ国しかないといわれている(医薬産業政策研究所, 2005)。膨大な研究開発費を使い、長期にわたる研究開発を行

う新薬開発製薬企業にとって、新薬のコアをなす化合物（生物製剤）が特許で守られ、収益を生む必要がある。このため、製薬業界にとって、物質特許が重要な役割を果たす（小田切，2006）。

新薬開発は、低分子ライブラリーなどをハイスループットにかけてヒット化合物を探す探索期間、それに続く動物などを使った前臨床試験を経て、ヒトを使った臨床試験（#13）へと進む。

人における試験を一般に「臨床試験」というが、新薬候補を用いて国の承認を得るための成績を集める臨床試験は「治験」と呼ばれている（厚生労働省ウェブサイトより）。治験は通常3つのステップ（相）を踏んで進められる（日本製薬工業会ウェブサイトより）。

第I相臨床試験

第1相試験は、「臨床薬理試験」とよばれ、少人数の健康成人において、ごく少量から少しずつ新薬候補品の投与量を増やしていき安全性を調べる。血液や尿などの中に存在する新薬候補の量を測り、どのぐらいの速さで体内に吸収され、どのぐらいの時間で、どのように体外に排泄されるのかを調べる（日本製薬工業協会ウェブサイトを一部改変）。

薬によっては、健康成人ではなく、効果があると予想される患者から治験を始める方が適切なことがあり、この場合には効果も予備的に調べる。有効性や安全性が、新薬候補によるものかを見極めるためプラセボを使って比較することもある（日本製薬工業協会ほか，2007）。

第 II 相臨床試験

　フェーズ II 臨床試験は「探索的試験」に位置づけられ、新薬候補品が、効果を示すと予想される少人数の患者について、有効性と安全性を調べる。加えて、投与量、投与間隔、投与期間も調べる。有効性や使い方を調べるにあたり複数の用量を比較検討するが、その際プラセボを加えるのが一般的である。標準薬がある場合はそれと比較することもある（日本製薬工業協会ウェブサイトを一部改変）。

第 III 相臨床試験

　フェーズ III 臨床試験は、検証的試験と位置づけられ、第 II 相臨床試験で得られた新薬候補品の有効性や安全性、および使い方を多数の患者で確認する。標準薬がある場合は標準薬との比較、標準薬がない場合は、プラセボとの比較が中心となる。比較を公平に行うために、無作為化や盲検化を用いることもある（日本製薬工業協会ウェブサイトを一部改変）。

製造販売承認申請

　前3段階の試験が終了後、新薬候補品を開発している企業がそれらのデータをまとめて、規制機関（日本は厚生労働省）に医薬品の製造販売承認申請（♯14）を行う。規制当局による審査を受けて承認されると医薬品としての販売が可能となる（日本製薬工業協会ウェブサイトを一部改変）。

第 IV 相試験（製造販売後臨床試験）

　実際に市販した後に広く使用されることにより、第 III 相まででは検出できなかった予期せぬ有害事象や副作用を検出する

図2-6 ITと製薬における特許の役割の違い

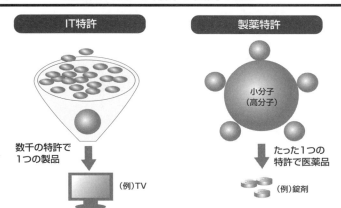

出典:「日本の製薬産業の研究開発とバイオ技術」(秋元浩、2009)などの資料を基に筆者作成

のがおもな目的である。市販直後調査および市販後調査によって行われるのが通例である(日本製薬工業協会ウェブサイトを一部改変)。

IT・電気製品と製薬とでは、特許の果たす役割が大きく異なる(秋元, 2009a)。電気製品の場合、数千もの特許を使って、多くのクロスライセンス(#15)を行って、1つの電気製品が作られる。その一方、製薬産業の場合、極端な例では、たった1つの物質特許があれば1つの製品(医薬品)を創ることも可能である(図2-6)。

医薬品は、人間の健康に直接かかわる特別な製品であるため、医薬品を製造し販売しようとする者は、製品化にあたり規制当局による承認を得る必要がある。日本の場合は厚生労働省、米国の場合は米国食品医薬品局(FDA)、欧州の場合は欧州医薬

品庁(EMA)がそれぞれこの任にあたる。このように、医薬品の製品化には、特許申請(審査後の特許登録)および規制当局への製造販売承認申請(規制当局の認可)の2つの関門を通過しなければならない。

　ここでの問題は、特許申請と、規制当局への販売承認申請との間には大きな時間的ギャップがある点である。前述のように、特許権が認められる期間は、特許を出願した日から20年間と規定されている。しかし医薬品の場合、上記のように、NCEを発見してから、製造承認を受けるまでに10年から20年かかるといわれている(桑島, 2006)。医薬品の特許出願は、通常、治験届を提出するよりも前なので、特許期間のうち10年から15年間は開発期間となり、上市した後の期間しか、当該医薬品を独占することができなくなる(治験ナビウェブサイトより一部改変)。そのため、特許発明を実施できなかった期間について、5年を限度として特許権の存続期間を延長することができる制度がある(特許法67条2項)(特許庁ウェブサイトaより)。

2.3 インド製薬産業の現状

　インド政府の経済統計(Economic Survey)2009-2010によれば、2009年のインドの医薬品生産高はおよそ1兆ルピー(およそ163億USドル)であった。輸出がけん引する市場となっており、輸出は年率25％ほどで伸びている(National Informatics Center　ウェブサイト)。

また、日本製薬工業協会がまとめた「インド薬業事情」によれば、インドの製薬産業の特徴は以下のとおりである。
・過去15年間に急拡大。2005年の生産量は1990年の10倍に急増。
・医薬品の生産量は世界第4位、生産高は世界第13位。
・成長率は年間18％を達成。
・2010年までに生産高が220億USドルまで増加すると予想されている。
・ジェネリック医薬品が多い。
・米国市場をおもなターゲットとしている。
（日本製薬工業協会，2009cより一部改変）

さらに、インド株式オンラインウェブサイト（2010）によると、インドの製薬企業数は2万社あるとされ、ソフトウェア産業と並んで国際競争力をもち、インドの国家を支える柱となる重要な産業である。

インドの大手製薬企業には、Dr. Reddy's社、Cipla社、Lupin社、Sun Pharmaceutical社、Wochkardt社などがある。図2-7に、インドの大手製薬企業の、市場占有率を示す。市場占有率は各社の売上高／（全体の売上高＋全体の輸入額）で算出されている（国際協力銀行，2008a）。

内資対外資系製薬企業

TATAレポート（Tata Strategic Management Group, 2008b）によれば、インドの製薬市場の95％を内資製薬企業が占める。国際協力銀行の資料（2008a）によれば、GlaxoSmithKline（GSK、グラクソ・スミスクライン）社は、インド市場でトップ10に入る唯一の外資系製薬企業である。

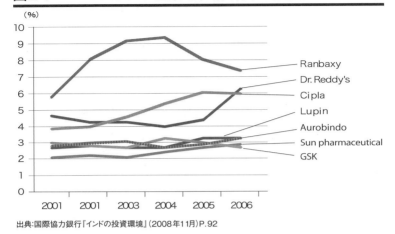

図2-7 インド大手製薬企業の市場占有率の推移(2001年〜2006年)

出典:国際協力銀行『インドの投資環境』(2008年11月)P.92

上述のように、1970年特許法改正を受けて、製薬部門の物質特許保護がなくなると、外資系製薬企業は物質特許のないインド市場を嫌い、次々と撤退していった。しかしGSK社は、他の外資系製薬企業が1970年以降インド市場を去った後もこの市場に残り、ビジネスを続け、一定の市場占有率を確保している。GSK社がインドで成功した理由について、宗主国英国の企業だったこと、およびGSK社がインドでは安い価格設定をしたため、といわれる（GSKとのインタビューより）。

疾患プロフィール

TATAレポート（Tata Strategic Management Group, 2008c）によれば、インドで販売されている医薬品の71％が急性疾患（＃16）用医薬品であり、残りが慢性疾患（＃17）用医薬品である。先進国では、患者数が多く、処方が長期間続く、慢性疾

図2-8 インド市場における疾患別医薬品売上の推移

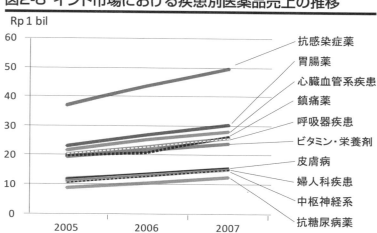

出典: TATAレポート（2008）p.3

患用医薬品が市場の成長をけん引している。インドは典型的な途上国型といえる。しかし近年、糖尿病などのメタボリック症候群患者も増加しており、今後疾患プロフィールも先進国型に近づく可能性がある（日本水産株式会社，2007）。図2-8にインド市場における疾患別売上の推移を示す。

インドの医薬品規制

　TATAレポート（Tata Strategic Management Group, 2008d）によれば、インドでは、製薬産業に関しては、特許制度のほか、価格、品質についても規制が行われている。インドの医薬品の輸入、製造、流通、販売は、医薬品・化粧法（Drugs and Cosmetics Act, 1940；1940年に制定。その後改定）によって規制されている。また、医薬品価格規制令（Drug Price Control Order、DPCO）により、必須医薬品については、最

図2-9 インド大手各社の ANDA申請の推移

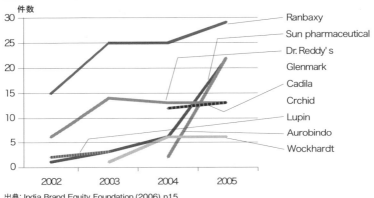

出典: India Brand Equity Foundation (2006) p15

高価格が定められている。現在は74種類のバルク（bulk：医薬品原材料）および最終製品（formulation）がこの対象となっている（Tata Strategic Management Group, 2008d）。インド政府は、価格統制の対象医薬品の数を増加させようとしているが、インドの製薬業界団体はこぞってその動きに反対している。

インドの医薬品購買動向

Ernst & Young（2006b）によると、インドの人口のうち近代医療にかかることができるのは30％である。医療費の負担は、個人負担が人口の80％を占めており、医療保険による支払いはわずか3％にすぎない。医療保険に入っているのは人口の20％であり、残り80％が個人負担で医療サービスを受けている。

インド製薬企業の技術力の高さ

Ernst & Young（2006c）によると、FDAが承認している医

薬品工場の数は、米国を除けばインドが75工場と一番多い。インドに続いて多いのは、イタリア (55工場)、中国 (27工場)、スペイン (25工場)、台湾 (10工場) である。

湊 (2007a) によれば、米国市場は、規制市場の中でもとりわけ厳格なルールを適用しているため製薬企業にとって最も参入障壁が高い。したがって、この世界で最も規制が厳しい、FDAが承認した工場の数の多さは、インドの製薬産業の技術力の高さを示す。

また、インドの製薬企業から、FDAに提出されたDMFおよびANDAが近年急速に増加している。Ernst & Young (2006d) によると、2005年時点でインドのANDA申請は全申請数の25％を占め、インドのDMF申請は全申請数の35％を占める。図2-9にインド大手各社のANDA申請の推移を示す。

さらに、Srihariら (2009) によると、インドの製薬産業は近年いっそうDMFおよびANDA申請数を増加させており、DMFの2008年の申請数は362件に上り、一方ANDAに関しては2007年第2四半期までの申請数は累計で701に達した (表2-3)。

表2-3 インド大手製薬会社のDMF及びANDA申請数(累計)

	DMF *	ANDA **
Ranbaxy	107	241
Dr. Reddy's	160	144
Cipla	153	
Sun	129	179
Lupin	85	90
Cadila Healthcare	76	92
Wockhardt	66	67

*No of DMF filed during 2004-2008
** No of ANDA filed by during 2004-2008
出典: Y Srihari et al. "Implications of Drug Price Competition and Patent Term Restoration Act (DPCPTRA) on Indina Pharma Industry"Journal of Intellectual Property Rights Vo. 14, Nov. 2009

インドの製薬産業の発展

　インドは古くから化学分野に強みをもっていたが、製薬産業が今日のように急速に発展を遂げたのは1970年以降である。上述のように、1970年特許法以前のインド製薬市場は、外資系企業がほとんどを占有していた（湊，2007b）。物質特許の存在しないインドの1970年特許法の下では、海外では特許保護下にある先発医薬品を合法的にリバースエンジニアリングして、新たな製法を生み出し、ジェネリック医薬品として製造し販売することができた（上池ら，2011）。物質特許の保護のないインド市場を嫌気し、外資系製薬企業はインド市場を去り、その一方、インドの内資製薬企業はリバースエンジニアリングを使ったジェネリック専業で、大きく業績を伸ばし、インド市場の大半を占めるようになった（湊，2007c）。

　さらに、外国企業が国外退去した後のインド製薬市場では、参入障壁が低くなったため、多くの内資製薬企業が新規参入し、それにより競争が激化し、医薬品価格が急落した。湊（2007d）によると、インドの医薬品価格は世界で最も低い水準にある。インド政府による価格統制もインドの製薬価格を抑える1要因となっている。そうなると、技術力が高く、価格が安いインド製の医薬品は、海外市場で競争力をもち、インドの医薬品の輸出API（Active Pharmaceutical Ingredients、医薬品有効成分）および最終製品が急速に伸びた（野地，2006）。輸出の相手先として、当初はロシアやアジア・アフリカなどの第三世界がその多くを占めたが、やがてインドの製薬企業の技術力の進展とともに、インドの製薬企業の医薬品は、米国を含む規制市場へも輸出されるようになった。今日では、インドの最終製品の最大の輸出先は米国となっている（川端，2007）。

また、輸出によって蓄えた富をてこに、インドの大手製薬企業はここ数年、欧州などの製薬企業を買収し（おもにジェネリック医薬品企業）、販売および研究開発拠点を海外にまで展開している。輸入に関しては原材料の輸入が大きく増加している一方、最終製品の輸入は微増にとどまっている。原材料の輸入の多くを占めるのは中国からの輸入である（Joseph, 2009）。

2.4 インドの特許法

特許法の変遷

インドの特許保護制度は古く、英国の植民地であった時代までさかのぼる。1856年には、優れた発明に対し発明者に排他的特権を認める法律がすでに制定されている。

1911年に「インド特許及び意匠法（Patents And Designs Act, 1911）」（1911年法律第2号）が制定された。同法の下では、医薬品に含まれる新規化合物に対する特許である「物質特許（product patent）」と、医薬品の製造方法に対する特許である「製法特許（process patent）」の両方が保護の対象とされ、特許期間は最低16年と定められた（インド特許庁ウェブサイトaより）。

その後、「1.2 TRIPS協定合意および物質特許導入の背景」で示したように、インド政府は1970年に特許法を大幅に改定し、1972年に公布した（The Patents Act 1970）（インド特許庁ウェブサイトbより）。1970年特許法では、医薬品に含まれ

る新規化合物（NCEs）に対する特許である物質特許が認められず、製法特許のみが認められた。しかも製法特許の特許期間は、1911年法下での16年より変更され、承認から5年または出願から7年間のうちの短い方とされた。

　上述のように、1970年法の下でインドの製薬産業は急成長を遂げた。ところがインドは、1995年のTRIPS発効を受けて、自国の特許を国際標準、すなわちTRIPS準拠することを余儀なくされた。

　TRIPS協定の第65条2項は、開発途上国に対し、義務履行についてWTO設立から5年間の猶予を与えている。さらにTRIPS協定の第65条4項は、1995年当時物質特許をもたない国に対してさらに5年間の猶予期間を与えている。前述のように、インドは途上国とみなされ、しかも、1995年TRIPS発効当時自国に物質特許をもたず、製法特許のみを有していた。したがってインドは、2005年1月1日までに特許制度を変更し、TRIPS協定準拠とし、物質特許を導入する義務を負った。（WTOウェブサイトより）インド政府は、TRIPSの義務を果たすべく、3つの段階を経て、2005年に新特許法を導入した。

　1回目の改正となった1999年の特許法改正法（The Patents (Amendment) Act, 1999）では、医薬品などの物質特許出願を暫定的に受理しておき、2005年1月1日以降審査を行う「メールボックス出願」制度（注8）、および5年間の独占的販売権を与えるEMR（排他的販売権）制度（注9）を制定した（インド特許庁ウェブサイトbより）。

　2回目の改正となった2002年の改正法（The Patents (Amendment) Act, 2002）では、医薬品などの製法特許の特許権存続期間を20年に改めた（インド特許庁ウェブサイトbよ

り)。

　3回目の改正では物質特許導入を定める予定であったが、TRIPSが求めた期限である2004年12月31日に間に合わないことが予想されたため、インド大統領が2004年12月26日に大統領令を発令し、新特許法を2005年1月1日に形式的に導入した。2005年改正法案が議会を3月に通過し、2005年4月5日に大統領の署名によりインド特許法2005年改正法（Patents (Amendment) Act, 2005 (Act No. 15 of 2005)）が発効し、2005年1月1日までさかのぼって施行された（藤井，2011）。

　2005年特許法は国際標準（TRIPS準拠）とされたが、特許性（patentability）を厳しく制限する「第3条d項」などが含まれており、特殊性をもった特許法となっている（岩田，2008b）。実際のところ、インド特許庁（Intellectual Property Office、IPO）は、この2005年特許法第3条d項を理由に、多くの特許を拒絶している。世界の多くの国で特許が認められている、Novartis社の慢性骨髄性白血病薬グリベック（Glivec）がインド2005年改正特許法第3条d項を根拠として拒絶された際は、マスコミに大きく取り上げられ、大きな議論を引き起こした（山名，2007b）。

インド特許法2005年改正法第3条d項

　2005年特許法には、特許性を厳しく制限する「第3条d項」が含まれている。

　以下にインド2005年特許法第3条d項全文を示す（インド特許庁ウェブサイトcより）。

Section 3 (d): the mere discovery of a new form of a known

substance which does not result in the enhancement of the known efficacy of that substance or the mere discovery of any new property or new use for a known substance or of the mere new use of a known process, machine or apparatus unless such known process results in a new product or employs at least one new reactant.

Explanation : For the purposes of this clause, salts, esters, ethers, polymorphs, metabolites, pure form, particle size, isomers, mixtures of isomers, complexes, combinations and other derivatives of known substance shall be considered to be the same substance, unless they differ significantly in properties with regard to efficacy.

　続いて、日本の特許庁ウェブサイトに掲載されている第3条d項を示す（日本の特許庁ウェブサイトb）。
　「既知の物質について何らかの新規な形態の単なる発見であって当該物質の既知の効用の増大にならないもの、又は既知の物質の新規特性若しくは新規用途の単なる発見、既知の方法、機械、若しくは装置の単なる発見。ただし、かかる既知の方法が新規な製品を創りだすことになるか、又は、少なくとも1つの新規な反応物を使用する場合は、この限りでない。
　説明——本号の適用上、既知物質の塩、エステル、エーテル、多形体、代謝物質、純形態、粒径、異性体、異性体混合物、錯体、配合物、及び他の誘導体は、それらが効能に関する特性上実質的に異ならない限り、同一物質とみなす」
　すなわち「第3条d項」は、「特許の申請の対象物質が、新

規化学物質（New Chemical Entity、NCE）の場合には、特許性を認めるが、既知の分子の単なる改良に関しては「大幅な効果の向上が示されないと、特許性を認めない」とする。ただし第3条d項が論拠する「効果」（efficacy）が何を指すのかは、当該第3条d項には明確に示されていない。

この第3条d項を論拠として、特許審査で申請を拒絶された「グリベック」の製造元であるNovartis社が、この裁定を不服として訴訟を起こした（山名, 2007b）。当該の裁判を担当したマドラス高等裁判所（2007）および、その後、案件がもち込まれたIPAB（Intellectual Property Appellate Board, Chennai）（2009）の判断によると、第3条d項が述べる「効果」とは、臨床上の効果（therapeutic efficacy）とされる。

新薬開発において、特許申請は、新薬の探索期に行われることが多い。その一方、臨床上の効果（therapeutic efficacy）を判断する基準となる臨床データは一連の臨床試験が完了してから取りまとめられる。このため、マドラス高等裁判所およびIPABの判例が示すように、探索期間である特許申請時に、臨床上の効果（efficacy）のデータを提出するのは困難と思われる。

メールボックス

TRIPSは、開発途上国に、物質特許導入を含むTRIPS準拠の特許法導入までの猶予期間を与えたが（途上国の場合は2000年まで、低開発国の場合は2005年まで、さらに1995年時点で物質特許をもたない国には引き続きプラス5年間。後に、低開発国の猶予期間はさらに2016年まで延期された）、その一方、物質特許の出願を受け付けておいて、物質特許導入の後に開封して審査を開始する仕組み（メールボックス）を1995年

表2-4 インドのメールボックス出願及び特許許可数の推移

type	No of Mail Box Applications			Patents Granted (up to Oct 31, 2008)		
	Indian Applications	Foreign Applications	total	Indian	Foreign	total
Pharmaceuticals	1313	6632	7945	260	1616	1876
Agro-chemicals	146	827	973	23	176	199
total	1459	7459	8918	283	1792	2075

出典:インド特許庁 2009

から導入することを義務づけた（森，2007）。

インド政府は、1999年に特許法を改正し（1999年特許法）、1995年に遡及しメールボックス出願制度を導入した（久保，2006）。インド特許庁によると、2004年12月31日までの間、7945件の医薬関連の特許出願がメールボックスを通じて行われた。このうち、2008年10月までに1876件が特許を付与された（インド特許庁，2009）（表2-4）。

排他的販売権（EMR）

TRIPSはさらに、加盟国に、物質特許導入までのあいだ、5年間に限り、市場独占権を与える仕組み（EMR）を導入することを義務づけている。インドでは、1999年法により、EMRが導入された。

14件の出願があったのに対し、認可されたのは4件にすぎなかった。そのうち多くが、その後係争に巻き込まれている（インド特許庁，2009）（表2-5）。

表2-5-1 EMRの申請及び審査結果

SL No	Application Number	Date of Application	Applicant	Corresponding Patent	Name of Production	Activity of Product	Status of EMR
1	EMR/1/2000	Feb. 24, 2000	F. Hoffmann La Roche A.G. Switzerland	910/Mas/96, Dated May 28, 1996	Saquinair mesylate eqv.o Saquinavir 200 mg. capsul	selective HIV proteinase inhibitor	Refused Refused challenged in the HC, Kolkata, Status of the case: pending
2	EMR/2/2000	30-Jun-00	Smith Kline Beechman PLC, U.K.	2504/Del/98 Dated Aug 25, 1998	Rosigiltazone maleate tablet eqv.to 1mg/2mg/4mg/8mg Rosigiltazone	Antidiabetic	Refused
3	EMR/3/2000	30-Jun-00	Smith Kline Beechman PLC, U.K.	2505/del/98 Dated Aug. 25, 1998	Rosigiltazone maleate tablet eqv.to 1mg/2mg/4mg/8mg Rosigiltazone	Antidiabetic	Refused
4	EMR/1/2001	26-Jun-01	Bayer Aktingesellschaft, Germany	315/Del/2000 Dated March 27, 2000 Artedated to Dec 6, 1996 Divided out of 2723/Del/96 (185805)	Moxiflozacin Hydrochloride & Moxiflozacin Hydrochloride tablet eqv.to Moxiflozacia 400 mg	Antidiabetic	Pending
5	EMR/2/20/1	7-Aug-01	United Phosphorus Ltd. Gujarat, India	570/Mum/2000 dated June 21, 2000	Synegistic Fungicidal composition comprising of carbendazime & Mancozeb	Antifungal Insecticide	Granted Sept 5, 2003 The EMR terminated with effect from Jan 12, 2007 notified OJ. Issue No. 11/2007 dated March 16, 2007
6	EMR/3/20/01	30-Aug-01	Schering-Plough Corporation, U.S.A	IN/PCT/2000/0 0434/CHC Sept 2, 2000	PEG-Interferon-alpha conjugates	Anti cancer	Pending

表2-5-2 EMRの申請及び審査結果

SL No	Application Number	Date of Application	Applicant	Corresponding Patent	Name of Production	Activity of Product	Status of EMR
7	EMR/4/20/01	10-Oct-01	Ranbaxy Laboratories, Ltd. New Delhi	2660/del/97 2745/del/98	Ciproflozacine Composition	antibiotic	Refused
8	EMR/1/20/02	26-Mar-02	Novartis AG, Switzerland	1602/MAS/98	Imatinib Mesilate	Chronic myeloid leukemia (CML) Anti tumor agent	Granted Nov. 10, 2003
9	EMR/1/20/03	17-Jul-03	Wockhardt Ltd, Wockhardt Tower, Bandra Kurla Complex, Bandra (East) Mumbai 400 051	308/MUM/2002 March 28, 2002	Nadifloxacin 1% Cream	Antibacterial	Granted Dec 15, 2003, Writ petition no. 802 of 2005 pending in Mumbai HC EMR terminated with effect from May 18, 2006 Notification issued OJ 31/2006 dated Magu 4, 2006
10	EMR/2/20/03	16-Oct-03	Nicholas Piramal India Limited, Mumbai 400012 & Council of Scientific and Industrial Research New Delhi 110001	501/MUM/2000 May 31, 2000	Bulaquine Capsul	Antimalerial	Pending
11	EMR/3/20/03	10-Oct-03	Eli Lilly Company U.S.A.	85/DEL/1995 Jan 23, 1995	Tadalafil Tablet	Erectile Dysfunction	Granted Aug 26, 2004 Grant challenged in the HC, Kolkata. Grant stayed
12	EMR/1/20/04	1-Mar-03	F. Hoffmann La Roche A.G. Switzerland	1032/MAS/97 May 15, 2007	Interferon Conjugates	Anticancer	Pending
13	EMR/2/20/04	14-Jun-04	Panacea Biotech Lot, India	2047/Del/95 Nov. 08, 1995 (Process patent granted 2048/Del/95)	Nimesulide Inj.	Analgesic	Pending
14	EMR/3/20/04	13-Sep-04	Panacea Biotech Lot, India	57/Del/98 Jan 12, 1998	Nimesulide Inj.	Analgesic	Pending

出典:インド特許庁(2009)

第 3 章

研究内容および
研究方法

第 3 章では仮説および研究方法を述べる。
まず仮説を立てるに至った経緯を説明し、仮説を提示する。
さらに、研究のフレームワークを、概念図を示して説明する。
本研究では、仮説を証明するために、
第 1 段階の「インド製薬産業の役割」と、
第 2 段階の「インド政府の役割」の 2 つの段階に分けて
分析を行うことを説明する。

3.1 仮説の設定

途上国であるにもかかわらずインドの製薬産業は、物質特許が導入された後も、先行研究（詳細は第4章を参照）が示すような産業の衰退が起きず、発展し続けている。その理由として、インド政府がTRIPS協定の義務を果たす一方、国内の産業を保護するため、「2005年改正特許法に、特許性を厳しく制限する条項（第3条d項）を挿入したこと」が想定される。したがって、第3条d項が果たした役割を明らかにするために、仮説を提示することとする。

3.2 仮説

そこで以下の仮説を立てる。
「インド政府が2005年改正特許法に挿入した特殊な条項（第3条d項）が、途上国に物質特許が導入されるとき、通常ならば当該途上国に与える負の影響を、軽減させる機能をもった」。

この仮説が証明されれば、第3条d項の導入が、インド製薬産業が当初懸念されていた物質特許導入による負の影響を回避し、2005年を乗り越えて成長し続けてきたことに対して、肯定的な影響を与えたことが立証されると考える。

3.3 研究内容・研究方法

　本書で紹介する研究は、特許法という公共政策が、産業へ与える影響を分析することを目的とするものであるが、公共政策と産業の関連性には当然のことながら、2つのアクターが存在する。1つは、産業界であり、もう1つは政策を策定する政府（この場合は、インド特許法を策定したインド政府）である。このため、産業界の役割と政府の役割とを分けて、分析することとする。

　第1段階：「インドの製薬産業」の役割——インド製薬企業のビジネスモデルの転換による好業績の維持
≪検証手法≫　インドの製薬産業界の経済活動を示す各種指標を分析し、インド製薬産業が1995年のTRIPS発効、および2005年の物質特許導入を機に、どのような行動をとり、それによりどのような成果を生み出したかを分析する。
　具体的には、まず第一に、La Croix & Kawaura（1996）の先行研究の結論、「途上国に特許制度が導入されると、当該国の産業に負の影響を与える」を踏まえて、TRIPS発効、および2005年の物質特許導入前後のインド製薬産業の業績を分析する。最初にLa Croixらにならい株価を検証し、次に売上高・利益を分析する。さらに、研究開発の活動の変化を分析する。分析に使用するデータは、インド政府が取りまとめているインド製薬産業の包括的データと、インドの製薬企業が発行するアニュアルレポートから抽出したデータの双方とする。

第二に、製薬業界の新薬の研究開発の成果を直接に表す開発パイプラインを分析する。2つの出来事を挟んだ動向調査ということで、1995年および2006年の開発パイプラインのデータを用いる。製薬産業の新薬開発は段階的に行われるため、前臨床、フェーズⅠ、フェーズⅡ、フェーズⅢ、承認済みの各段階の候補医薬品数のデータを分析する。

　第三に、2005年特許法改正の影響を直接測ることができる特許出願数を分析する。TRIPS発効を受けて、インドは「インド1999年特許法改正」で、製薬関連特許の出願を、特許庁が受理しておき、2005年以降に審査するという「メールボックス」システムを導入し、1995年に遡及して発効した。このため、分析対象期間を1997年から2007年とする。分析に使用するデータは、インド政府によるインド製薬産業の包括的データと、インドの製薬企業のアニュアルレポートから抽出したデータの双方とする。

　第四に、2005年特許法改正以前に多くの懸念が示された、外資系医薬品のインド市場への参入および、諸外国へのインド医薬品輸出の減少の実態を調べるために、インドの医薬品の輸出入動向のデータを分析する。医薬品には、最終製品と、中間体（intermediates）・バルクがあり、インドの製薬産業はこの両方を扱っているため、完成品と、中間体・バルクをそれぞれ分けて、輸入・輸出の動向を分析する。インドは1990年ごろから開放経済政策を打ち出し、市場を開放してきた。このため分析期間を1990年から2007年とする。

第2段階：「インド政府」の役割——インド政府は、インド市場を守るため、インド2005年改正特許法に第3条d項を挿入

図3-1　研究のフレームワーク

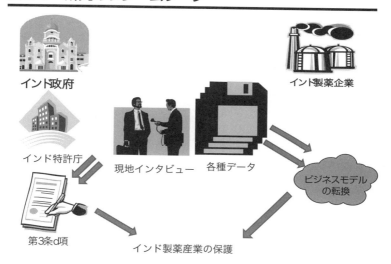

《検証手法》　インド政府が2005年特許法に導入した第3条d項が、インドの内資製薬産業に保護を与え、それによりインドの製薬産業の好業績が維持されたのかを分析するために、インドを訪問し、ステイクホルダーにインタビュー調査を行う。

3.4
研究のフレームワーク

　研究のフレームワークを示すと図3-1のようになる。
　第1段階として、各種データを分析し、インド製薬業界の対応を分析する。第2段階としてインド政府がインド2005年特

許法改正に盛り込んだ第3条d項が、果たして政府が意図したようにインド市場を外国の製薬企業から守り、インドの内資企業がビジネスモデルを転換し新たな事業が開始されるまでの時間的な余裕を与えたのかをインタビュー調査により明らかにする。

第4章

先行研究の検討

1995年のTRIPS合意により、インドを含む途上国にも
物質特許を含む、厳格な特許制度の導入が義務化されると、
途上国への影響をめぐり、多くの研究が行われ、多くの論文が発表された。
本書に関連する先行研究は大きく分けると、
途上国と特許法に関するもの、物質特許の影響を論じるもの、
インド2005年改正特許法第3条d項を分析するもの、
インド製薬産業のビジネスモデルの変化に関するものの
4つに分けることができる。
本章ではこの4分野の主な先行研究をまとめる。

4.1 途上国と特許法

TWN Briefing Paper (Third World Network, 2001) は、TRIPSと医薬品アクセスについて論じている。同ブリーフィング・ペーパーは途上国における多くの死は、入手可能な医薬品へのアクセスがないことがその大きな理由となっていると説いている。その原因として、先発医薬品への特許の付与が、先発医薬品メーカーと、ジェネリック医薬品メーカーとの競争機会を奪い、結果として医薬品価格を途上国の人々が入手可能なレベル以上に引き上げていると指摘している。人命を救う医薬品への特許の適用に関して疑問が付され、大きな批判の声が起きており、TRIPS協定が、私的な権利や商用化の権利に重きを置き、公的な権利をないがしろにしていると多くの人が感じ、TRIPS協定の見直しが必要だとの声が上がっていると述べている。

La Croix & Kawaura (1996) は、日本に物質特許が導入された前後で製薬企業の株価が25.82％上昇した先行研究を受けて、韓国における物質特許導入前後の製薬産業の株価を調べた。その結果、日本の場合と大きく異なり、韓国では物質特許導入前後で株価が74％下落したことを見出した。物質特許導入の影響は、産業、研究開発投資、産業構造、ビジネスモデルなどにより異なることを指摘したうえで、(1) 技術力が比較的高くより先進国に近い国の場合、たとえばシンガポールのような例では、より厳格な特許法を導入することで厚生利益 (welfare gain) (#18) を得るが、(2) 発展の初期段階にある国、たと

えばインドネシアのような国が、より厳格な特許法を導入すると厚生損失(welfare loss)(#18)を生じることを示した。さらに、(3)韓国の例から、より厳格な特許法が途上国に導入されると、いくつかの国では経済的な損失が生み出されると結論づけている。

韓国への物質特許導入に関しては、詳細な研究が行われており、米国政府による圧力を受けて1987年に物質特許が導入されたと指摘されている。尹宣熙（ユン・ソンヒ）漢陽大学校法学専門大学院教授の「技術変化による韓国特許制度の変化（イノベーションによる特許制度の変化）」のプレゼンテーション資料（尹, 2009）の抜粋を以下に引用する。（一部文言を改定）「物質特許制度導入のための特許法の改正（1986年12月31日法律第3891号）　先端技術分野を中心に熾烈に競争を展開している先進国では、先端技術の研究開発成果の効果的な保護の為に知的財産制度を強化した。米国は、交易国に対して、知的財産権の不十分な保護は公正な貿易の重大な障害であると主張して、知的財産保護を強く要請した。韓国に対しても知的創作物に対する権利保護が十分でないと主張し、関税法301条の発動を示唆しながら知的財産権の完全な保護を要請してきた。数回にわたる交渉の結果、韓国が物質特許制度を取り入れることで合意し、韓国は特許法の規定を改正した。韓国特許庁は合意事項とその他必要事項に関する改正案を作成して1986年5月1日から1ヵ月間改正案を開示し、その結果に基づいて最終案が確定された。1986年9月5日法制処に審議を要請し、1986年10月28日次官会議、同年10月29日国務会議の審議を経て、同改正案は国会に提出され、同年12月18日本会議で可決された。改正法は、1986年12月31日に法律第3891号として公布され、1987年7月1日に施行された」。

日本における物質特許の導入に関しては多くの研究がある。秋元は、2009年に六本木ヒルズで行った講演で「日本では1976年に物質特許が導入され、それ以降日本における研究開発が促進され、日本発の新薬が急増した」と報告している（秋元, 2009b）。

　Sampath（2006）は、TRIPS協定合意を受けて、途上国における医薬品へのアクセスに多くの懸念が示されたことから、物質特許の、途上国における医薬品アクセスに対する影響を分析した。インドにおける物質特許は、新たに特許を取得した医薬品のみが対象となるため、対象となる医薬品の数は限られるが、影響は大きいと指摘している。インドの内資製薬メーカーは、物質特許導入ばかりでなく、インド市場および世界市場における競争激化にも瀕しているため、医薬品へのアクセス問題よりも、現在の厳しい環境から自分の企業をいかに守るかに注力していると指摘している。Sampathはまた、1995年から2005年の間に特許出願がなされた医薬品のうち、ジェネリック医薬品をインドのジェネリック医薬品メーカーが2005年以降引き続き製造できるかは、インドの特許法があいまいなため未知数であると論じている。

　Sampathはさらに、インド内資製薬企業を規模に応じて3つに分け、規模別の戦略を概観している。それによると、大企業の場合（年間売上が300crore rupees ＝ 30億ルピー以上）には、スーパージェネリック医薬品と先発医薬品を、インド市場のみならず規制市場で販売していく戦略をとっている。規制市場におけるジェネリック医薬品販売から得た利益を、研究開発に投資し、研究開発費を増加させている。インド内資製薬企業がブロックバスター（#19）を生むにはまだまだ時間がかかることは承知しながら、これらの大企業は、新規化合物、DDS

(#20)、バイオ医薬品、スーパージェネリック医薬品の開発を進めている。

中規模の企業の場合（年間売上高が 100 〜 300crore rupees = 10 億〜 30 億ルピー）には、研究開発投資に回す資金がほとんどないため、一般のジェネリック医薬品（バニラジェネリックともいう）に注力している。一方で、大企業が規制の緩いあるいは規制のない市場から離れ、規制市場へとシフトしているので、その空隙をぬって、規制の緩いあるいは規制のない市場への進出を図っている。また、委託研究・委託製造ビジネスに注力している企業もある。

零細企業の場合（年間売上高が 100crore rupees = 10 億ルピー以下）には、インドで先ごろ GMP（＃ 21）の遵守が義務づけられたため、今後 10 年間に統合が進むとみられている（注：医薬品・化粧品規制の付属文書 M が 2001 年 12 月 11 日に改正され、2003 年 12 月 31 日までに GMP を遵守するようにとの通達がなされた。その後履行期限が 2005 年 6 月 30 日まで延期された）。施設を GMP 遵守に改変するだけの資本をもつ企業の場合は、インドの大規模・中規模企業の下請けや、規制の緩いあるいは規制のない市場における委託製造を外国製薬企業から請け負うことで成長が期待できるという。

4-2 物質特許導入の影響

Joseph（2009）は、物質特許導入と、そのインド製薬関連製

品の輸出入への影響を調べている。

Josephは、インドに物質特許が導入されると、インド製薬産業が負の影響を受けるであろう、あるいは、インドのジェネリック医薬品メーカーが2005年以前に合法的にやってきた、海外では特許保護下にある特許製品をリバースエンジニアリングして内外で販売するビジネスモデルが2005年以降は規制されるため、輸出の成長がそがれ、貿易収支が悪化するだろう、など多くの懸念が示されたことを指摘している。

Josephはまた、実際の貿易データ(1990/1991年から2007/2008年)を使って、これらの懸念された事象が実際に起こったかを分析した。分析の結果、輸出額が急増していること、輸出の貨物が、中間体・原薬(API)から、最終医薬品に移行していること、2005年以前に懸念されていたほど、最終製品の輸入が増えていないことが示された。その一方で中間体・バルクの輸入額は急増しており、貿易収支から、インドの内資の製薬企業が、中間体・バルクを輸入し、それを最終製品に加工し内外に販売している構図が示された。最終製品の輸入額があまり伸びていない事象については、2005年インド特許法の下では特許の範囲が厳しく制限されているため、これまで特許を付与された医薬品の数が限られているのが原因と分析している。

Chadha (2009) は、物質特許を含む厳格な (strict, stronger) 特許法が、一部外資系製薬企業を含むインドの製薬企業の特許出願に与える影響を分析した。対象としたのはボンベイ証券取引所に上場し、Centre for Monitoring Indian Economy (CMIE) のProwess Databaseに登録している企業である。Prowess Databaseには売上高の1%以上を研究開

発費に投じている企業が登録義務を負う。Poisson regression model や Zero inflated model などさまざまなモデルを使った分析の結果、強い特許システムにより、インド製薬企業の特許出願が増加したことが示された。インドは医薬品製造能力をもつという、途上国としては特殊な能力を兼ね備えているため、輸出市場を開拓することができる。そのため、医薬品の製造能力をもたない他の途上国と比較して、特許導入が引き起こす医薬品価格の高騰による厚生損失が小さくなるだろうと指摘している。

さらに、研究開発投資の増加と、特許出願の増加には、2年ほどのずれが観察されたとしている。研究開発投資と特許出願の関連性について、(1) 途上国で R&D 投資を行う企業は、他の企業があまり研究開発投資を行っていないので、研究開発投資から得られる利益が先進国より大きい、(2) 途上国の場合、製薬産業のような技術に立脚した産業であっても、研究開発投資を「消化する」時間が必要で、そのため研究開発投資と特許出願の間に時間的ギャップが生じる——の2点を指摘している。

Chaudhuri ら (2003) は、物質特許の導入が医薬品価格の高騰を招くのか、国民の健康にどの程度の影響を与えるのかをキノロン系抗菌剤 (#22) を例に予測した。1999年1月から2000年12月までの2年間の、実際の医薬品価格のデータを使って、支出・価格弾力性と、サプライサイドデータとしてキノロン系抗菌剤のパラメーターを分析し、インドに物質特許が導入された場合に、同医薬品の価格、利益、厚生利益がどのように変化するかを、モデルを使ってシミュレーションした。Chaudhuri ら (2003) は、原薬 (API) の特許のほとんどを外資系製薬企業が保有しているため、インドに物質特許が導入さ

れると、インド内資の製薬企業の製品がインド市場から駆逐されてしまうと推定し、物質特許導入による影響の評価を、インド市場からインド内資の製薬企業の製品が駆逐されることを前提に評価した。TRIPS合意により途上国に物質特許の導入が義務づけられた際、多くの途上国から、「途上国に物質特許が導入されると、負の影響を受ける」という懸念が表明されたが、その議論はある程度根拠があるものであると結論づけている。

加えてChaudhuriら（2003）は、物質特許導入によるインドの厚生損失を、価格統制がある場合とない場合とを想定し推定した。その結果、物質特許導入によるインドの厚生損失は、年間1億USドルを超えるが、多国籍製薬企業が享受する利益は、価格統制がある場合でもない場合でも数千万USドルにすぎず、メガファーマにとってそれほど大きな増益にはなりえないとしている。価格統制なしに物質特許が導入されれば、多国籍製薬企業は途上国に意欲的に参入し、その結果医薬品価格が高騰するが、価格統制を敷けば、多国籍製薬企業が途上国市場を席巻するのを防ぐことはできるものの、参入のインセンティブは失われる。TRIPSが与える厚生損失を中和する政策を打つことは難しいと結論づけている。

Grace（2004a）は、インドおよび中国における、特許法の改正が両国の製薬企業に与える変化を、文献、マスコミ報道、証券アナリストレポートなどの調査に基づいて分析した。インドおよび中国は、ともに、低価格の医薬品の原材料および最終製品を国内外に提供しており、物質特許導入によってこれらの国の製薬産業が破壊され、医薬品価格が上昇するという懸念があったことから、Graceは当該論文テーマを選択したとしている。インド市場においては、特許法の改正を見据えて、すでに

ビジネスモデルの見直しが起こっているという。すなわち、リバースエンジニアリングによる特許製品の模造ができなくなるため、それによる売上高の損失を補完するため、より利益率の高い規制市場への輸出に力を入れてきていると同時に、インドの大手製薬企業は、研究開発費を増大させ、新薬の開発にも力を入れ始めていると指摘している。しかしその一方で、Graceは、ニーズが満たされていない途上国特有の疾患の新薬開発に、インドの製薬企業が、多国籍製薬企業よりも積極的に取り組むかには疑問を呈している。

Lanjouw（1997）は、物質特許の導入が、インドの製薬産業へ及ぼす影響を、文献調査およびインタビューにより分析した。TRIPS協定合意に基づき、途上国にも物質特許導入が義務づけられると、途上国からは、医薬品価格が上昇し、医薬品へのアクセスが失われるとの懸念が表明されたのに対し、多国籍製薬企業は、途上国特有の疾患の医薬品開発が進み、外国からの直接投資が増えるなどの便益があると反論した。当該論文は、これらの議論を踏まえて、インドを事例として取り上げ、物質特許導入のインド製薬への影響を分析したものである。

分析の結果、インドの製薬企業は、2005年以前までのように最初に米国市場でジェネリック医薬品を販売し、独占販売権をとる利便性は失われるものの、インドの低コスト体質は変わらないために、競争力を持ち続けるだろうと予測した。しかし、インド国民の低所得と医療保険欠落という、現在インドの医薬品価格を押し下げている2つの要因は、今後国内状況が変化する可能性があるため、将来的に医薬品価格が低く抑えられ続ける保証はないと述べている。一方、多国籍製薬企業は、世界市場では利益の最大化を図るが、インド市場では価格統制を含む

政治力により最高価格が決定されるため、多国籍企業が利益を最大限にする価格設定は行われないだろうと予測している。また、物質特許の導入により、インド国民は、販売承認までの期間が短縮され、市場への製品の浸透が早まるなどの便益を享受することができると述べている。

結論として、物質特許導入を機に、インドの大手製薬企業は研究開発投資を増加させて、臨床応用開発のみならず、基礎研究である新規化学物質の探索にも力を入れてきており、さらに物質特許の導入がこれらの変化に果たした役割は、インセンティブを与えたというよりも、模倣をやめさせたという事実にある、と指摘している。

4-3
インド特許法2005年改正第3条d項

Basheer & Reddy（2008）は、議論の多い、インド2005年改正特許法の第3条d項の問題点を、Novartis社のグリベックをめぐる裁判を事例として引き合いに出して指摘し、代替案を提示している。まず、第3条d項の目的は、既存の化学物質の新規の形状（forms）について、大幅な効果の向上がされない限り特許性を認めないことで、エバーグリーニング（#23）を防ぐことを趣旨としているとの解釈を述べている。[以下原文]
「Section 3(d) aims to prevent "ever-greening" by prohibiting the patenting of new forms of existing pharmaceutical substances that do not demonstrate significantly enhanced

"efficacy."」

　そのうえで、グリベックの裁判で、マドラス高等裁判所が、第3条d項を合憲であると判断したのは正しいと論じている。しかしその一方で、第3条d項は拙速に作成されたため、「efficacy」や「significant enhancement (in efficacy)」などあいまいな表現が含まれると指摘している。
「efficacy」については、もし、第3条d項のいう「efficacy」が「therapeutic efficacy（臨床上の効果）」に限定されるのならば、医薬品のデリバリーシステム（DDS）などインドが得意とする分野が特許保護の範疇から外されてしまうと指摘している。また、第3条d項はインドにしかないユニークな条項であり、「efficacy（薬効）」で、医薬品の特許性のあるなしに線引きをしている特許法をもつ国は1つもない、加えて「efficacy（薬効）」のあるなしを判断するのは、医薬品の規制当局の業務である（したがって特許庁の仕事ではない）と論じている。

　Basheer らはさらに、第3条d項の本文が「enhancement of known efficacy（既知の効能の向上）」と述べているのに対し、説明では、「significant difference in properties with regard to efficacy（効能に関する性質における大きな違い）」と述べられており、両者の間に齟齬があるため、既知医薬品の新たな利用についての特許性の判断に差異が出る可能性があると指摘している。

　これらの議論を基に、第3条d項について次の代替案を提示している。

　以下 Basheer らの代替案を引用する。

"What are not inventions : The following are not inventions

within the meaning of this Act ⋯
(d) A new form of a known substance, unless it differs significantly in properties with regard to efficacy, when compared with the known substance, or the mere discovery of any new property or new use for a known substance or of the mere use of a known process, machine or apparatus unless such process results in a new product or employs at least one new reactant.

（三森訳）既知の物質について何らかの新規な形態の単なる発見であって、当該既知の物質と比較したとき、効用にかかる特性に大きな差異のないもの、または既知の物質の新規特性もしくは新規用途の単なる発見、あるいは、既知の方法、機械もしくは装置の単なる発見。ただし、かかる既知の方法が新規な製品を創りだすことになるか、または、少なくとも１つの新規な反応物を使用する場合は、この限りでない。

Explanation : For the purposes of this clause, salts, esters, ethers, polymorphs, metabolites, pure form, particle size, isomers, mixtures of isomers, complexes, combinations and other structurally similar forms of a known substance shall be deemed to constitute "new forms of a known substance."

（三森訳）本号の適用上、既知物質の塩、エステル、エーテル、多形体、代謝物質、純形態、粒径、異性体、異性体混合物、錯体、配合物、あるいは、他の構造的に類似の形体などは、「既知の物質の新たな形体」とみなす。

For the purposes of this clause, a "known substance," against which the efficacy of a "new form" ought to be compared, shall be taken to be a substance which is not "new," in that it does satisfy the "novelty" criterion for patentability.

（三森訳）新規形体の薬効を比較する基礎となる既知の物質は、特許性の新規性の要件を満たす、新規物質ではない物質でなければならない。

For the purposes of establishing that a "new form" differs significantly in properties with regard to efficacy, an applicant must provide data comparing the efficacy of the new form with that of a "known" substance. Such data need not prove this "difference" in property as a matter of statistical certainty, nor does the applicant have to provide actual evidence of trials in humans. Instead, the applicant has to demonstrate a reasonable correlation between the efficacy claimed and the data provided in support of this. Such reasonable evidence of the correlation can be established by relying on, inter alia, statistically relevant data documenting the activity of the new form and/or known substance, documentary evidence, data generated using in vitro assays, or from testing in an animal model, other preclinical test data or any combination thereof.

(三森訳)"new form"が、efficacyに関してsignificantlyに異なるかを証明するために、申請者は、既知の物質と、新規の形体の薬効を比較したデータを提出しなければならない。しかしそのデータは、統計上の差異を証明する必要はない。さらに、ヒトを使った臨床試験の結果得られる証拠を提出する必要がない。申請者は、薬効と、それをサポートするデータの適正な関連性を示せばよい。十分な関連性の証拠は、新規の形体と、既知の物質の活性を文書化したデータ、文書化された証拠、in vitroアッセイ、動物モデルを使った試験、あるいは前臨床試験データ、あるいはこれらの組み合わせなどにより示すことができる。

For the purposes of this clause, a determination as to whether a difference in property with regard to "efficacy" is "significant," shall be assessed with reference to the views of a person skilled in the relevant art."

(三森訳)"efficacy"にかかる特性が"significant"に異なるかを決定するため、当該の分野の専門家の意見を参考に評価がなされるべきである。

Basheerらの代替案は、同論文における上記の議論を踏まえて、下記の4点を明らかにしている。
(1)"Derivatives"という言葉を避け、言葉が示す内容を明らかにするため、"other structurally similar forms of a known substance"に置き換えている。
(2)"known substance"をしっかりと定義している。

（3）"new form" が、性質上 "significantly" に異なること
を証明するために提出しなければならないデータは、統計上の
差異を証明するものである必要はなく、ヒトを使った臨床試験
の結果得られる証拠を提出する必要もない。in vitro アッセイ、
あるいは動物モデルを使ったテスト、あるいは前臨床試験デー
タ、あるいはこれらの組み合わせでよいとしている。

（4）"efficacy" が "significant" に異なるかを決定するため、
当該の分野の専門家の意見を参考とする。

4-4 インド製薬産業のビジネスモデルの変化

　Chaturvedi & Chataway（2006）は、先行研究やアニュアル
レポートなどによる文献調査に加えて2段階のインタビュー調
査を行うことで、インドの主要な製薬企業が、TRIPS 発効と
いう大きな環境の変化に対応して、リバースエンジニアリング
から多様な市場に応答できる能力と、技術を備えた機関へと変
化を遂げつつあることを示した。より具体的には、インドの製
薬産業の研究開発投資額が、1965/1966 年には 3 crores（3000
万ルピー）にすぎなかったものが、1995 年には 140 crores（14
億ルピー）へ、2002 年には 200 crores（20 億ルピー）に増大し、
IDMA によると、2004 年には 1000 crores（100 億ルピー）に
到達することが予測されていること。さらに、2003 年のイン
ド製薬企業による簡略承認申請（ANDA）登録数が 112 に達し、
2003 年の全登録数の 23％を占める一方、2003 年のインド企業

によるドラッグマスターファイル(DMF)登録数は 126 に達し、2003 年の全登録数の 30% 以上を占めたことを報告している。

同研究は、また、製薬企業ごとの対応の違いに言及している。それによると、Ranbaxy 社は、リスクを軽減するために、新規化合物（NCE）よりも、NDDS（インドではしばしば DDS をこのように呼ぶ）に注力している。Dr. Reddy's 社は、NCE に注力しているが、NDDS およびジェネリック医薬品にも力を入れ総合的な戦略をとっている。Cipla 社、Nicholas Piramal India Ltd（NPIL）社および Sun Pharmaceutical 社は、新薬開発に力を入れているものの、NCE よりも、既存の医薬品をよりいっそう向上させて、付加価値を加えたスーパージェネリック医薬品の開発に力を入れている。一方、Lupin 社などは、従来の戦略と、研究開発を統合した戦略をとっている。なお、同論文のインタビューは 2002 年から 2003 年にかけて行われたものである。

Kale ら（2002）は、各種ステイクホルダーに対する、2 段階のインタビューの結果から、独自に策定した Capability Creation Model を使って、インドの製薬企業が、リバースエンジニアリング専業モデルから、革新的な研究開発、新規化合物の研究開発を行う、高度な能力を身につけた、複合的な知的基盤をもつ産業へ進化を遂げつつあることを示した。Capability Creation Model とは、インドの製薬産業が、技術的にはレベルの低いリバースエンジニアリングである Duplicative imitation（複製模倣）から、ジェネリック医薬品の研究開発を含む Creative imitation（創造的模倣）、アナログ研究や NDDS を含む Intermediate capability stage を経て、革新的な研究開発、新規化合物の研究開発を行う高度な産業へと

変遷していくことを示すものである。

同論文は、特許法の改正(特許保護の強化)がインド製薬企業のビジネスモデルを変貌させ、それまでとは異なる、革新的な技術開発の道筋をとることを強いたと指摘している。

さらに同論文は、インドの製薬産業が高度な産業へ変貌を遂げるにあたり、模倣段階で学んだ基礎的な技術が基盤となったことも指摘している。

4-5 作業仮説の設定

前節(4.4)における分析から、インドの製薬産業そのものが、1995年のTRIPS発効、2005年の物質特許導入を機に、ビジネスモデルを、リバースエンジニアリングをベースとしたジェネリック専業から、ジェネリック医薬品も先発品も扱う統合的なビジネスに変貌させたことが導き出された。いわば自助努力を払ったことが、インド製薬産業が、先行事例に示されたような負の影響を回避して成長を継続できた一要因として考えられると示唆された。

この考察に基づき、第3章に示した仮説(p48)をさらにここでは作動化させるため、「作業仮説」を立てることとする。

作業仮説は「インド政府が2005年改正特許法に挿入した特殊な条項(第3条d項)、ならびに、1995年のTRIPS発効および2005年の物質特許導入を機に、インドの製薬産業がビジネスモデルをジェネリック医薬品専業からジェネリック医薬品も先発品も扱う統合的なビジネスに変貌させるという、いわば

自助努力を払ったことの双方が、奏功し、良い効果を生んだことで、途上国に物質特許が導入されると、通常、当該途上国に与える負の影響を、軽減させる機能をもった」とする。

　本書の研究は、この作業仮説が証明されれば、インド製薬産業界の自助努力と、インド政府による2005年特許法改正への第3条d項の挿入が、インド製薬産業が当初懸念していた物質特許導入による負の影響を回避し、2005年を乗り越えて成長し続けてきたことに対して、肯定的な影響を与えたことが実証されると考える。

　1995年のTRIPS合意により、インドへの物質特許を含む、厳格な特許制度の導入が決まると、インドの医薬品を使っている多くの途上国やこれら途上国を支援している国際NGO・NPOから多くの懸念が発せられた。一方、先進国や多国籍製薬企業はインドへの厳格な特許法導入を支持する立場を発表し、世界を巻き込んだ大きな議論となった。このような議論を反映して、TRIPSおよび2005年特許法のインド製薬産業への影響に関する論文やレポート、コミッションペーパーなどが多数執筆された。

　本書では主要な論文やレポート、コミッションペーパーを「途上国と特許法に関するもの」、「物質特許の影響を論じるもの」、「インド2005年改正特許法第3条d項を分析するもの」、「インド製薬産業のビジネスモデルの変化に関するもの」の4つに分け分析を行った。

　これらの先行研究はその多くが2005年特許法改正以前に書かれたものであり、2005年以降に執筆された論文も、分析対象は2005年までのデータを対象としている。したがって、これら先行論文の結論と、本書の結論との相違の要因の1つとして、対象とされたデータの範囲の差異が考えられる。

第 5 章

インド製薬産業の
指標分析 - 各種データ分析

第 5 章では、第 3 章のフレームワークに基づいて、
第 1 段階「インドの製薬産業の役割」の分析を行う。
インドの製薬産業界の経済活動を示す各種指標を分析し、
インドの製薬産業が 1995 年の TRIPS 発効、
および 2005 年の物質特許導入を機にどのような行動をとり、
それによりどのような成果を生み出したかを分析する。

5-1 データ分析手法

　第4章の先行研究から、「途上国に物質特許を含む厳格な特許法が導入されると、当該の途上国の産業を衰退させる」懸念があることが示された。La Croix & Kawaura（1996）は「途上国に、より厳格な特許法が導入されると経済的損失が生み出される」と指摘している。インドは途上国であり、La Croix & Kawaura の結論に従うと、物質特許導入により、経済的損失を被ることになる。

　この指摘の真偽を確かめるため、インドに物質特許が導入された2005年を挟んだインドの製薬産業の動向を各種データから分析する。データ分析は、次に述べるように、株価、業績、研究開発投資、研究開発パイプライン、特許出願動向、貿易統計の6段階に分けて行う。以下に詳細を説明する。

　まず初めに、インド製薬企業の株価を分析した。La Croix & Kawaura（1996）の結論が、途上国であるインドでも当てはまるかを検証するため、物質特許導入前後のインドの製薬企業の株価を分析した。インドの大手製薬企業は、そのほとんどがインドの証券取引所に上場している。インドナショナル証券取引所のウェブサイトにある検索エンジンを使って、インドに物質特許が導入された時期を挟んだインドの大手製薬企業の株価を抽出し、グラフ化した。

　しかしながら株価は、企業活動の動向の示す複数の指標のうちの1つでしかない。そのため企業活動の動向をより直接的に

示す指標をさらに分析することとした。

　そこで、2番目として、インドの大手製薬企業のアニュアルレポート・財務諸表を使い、インド製薬企業の業績の動向を分析することとした。さまざまな財務指標から、業績を反映する売上高と利益を使うこととする。

　さらに、物質特許導入を機にインドの製薬産業がビジネスモデルを転換し新薬開発に取り組んでいるとの情報を得たため、3番目としてインド製薬企業の研究開発の動向を分析することとした。インドの大手製薬企業のアニュアルレポート・財務諸表より研究開発投資額を抽出し、またアニュアルレポートなどから研究所の設置などの情報を収集し、各企業の開発戦略を分析した。

　3番目の分析から、研究開発の成果としてパイプラインの増強が予想された。そのため、4番目に、研究開発パイプラインを分析することとした。研究開発パイプラインは、製薬企業の新薬研究開発の進捗を端的に表すものである。インド大手製薬企業のパイプラインから、各社の研究の進捗状況を分析した。

　加えて研究開発努力から生まれる知的財産権の確保が予想されたため、5番目として、特許出願動向を分析することとした。インド特許庁のウェブサイトから、製薬関連特許の出願数を抽出し、加えてインド特許庁のエンジンを使って、インドの大手製薬企業の企業ごとの特許出願数を抽出した（インド特許庁のウェブサイトd）。

　最後に、物質特許導入の決定前後で、外資系製薬企業の特許製品によるインド市場の席巻、インド内資製薬企業のジェネリック医薬品の販売縮小が大きな懸念事項として挙げられたため、6番目として、貿易統計から、製薬関連品の輸出、輸入の

動向を分析することとした。インドは最終製品の輸出入を扱っているほか、Active Pharmaceutical Ingredient（API）や中間体の輸出入も扱っている。最終製品と、APIや中間体を分けて、2005年を挟んだ輸出入の実態を調べた。

　これら一連のデータの分析によって、先行研究が示唆したように、途上国であるインドの製薬産業が物質特許導入により、負の影響を受けたかどうかを総合的に判断した。

　先進国のデータと異なり、インドの製薬産業に関するデータは、必ずしも包括的なものではなく、ベースが異なっていたり、数値が抜け落ちていたりすることもある。できる限り包括的なデータを収集することとし、データではカバーしきれない部分、たとえば、2005年インド特許法改正と上記のさまざまなデータの遷移との関連性や、2005年インド特許法改正に盛り込まれた第3条d項と上記のさまざまなデータの遷移との関連性などに関しては、次章で述べる現地インタビュー調査より、分析を行った。

5-2 インド製薬企業の株価分析

　La Croix & Kawaura（1996）は、日本と韓国の物質特許導入前後の株価動向を調べて、「先進国に近い国の場合、より厳格な特許法を導入することで厚生利益を得るが、発展の初期段階にある国に、より厳格な特許法を導入すると厚生損失を生じる」と結論づけた。インドは途上国に分類される。La Croix

& Kawaura（1996）の結論がインドに当てはまるのかを検証するために、インドの大手製薬企業の株価を分析することにした。La Croix & Kawaura（1996）が正しいと仮定すれば、途上国であるインドの株価は2005年の物質特許導入を契機に下落することが予想される。

株価の分析の対象としたのはインドのナショナル証券取引所の株価である。インドには現在23の証券取引所があるが、そのうち主なものは、ムンバイ証券取引所（BSE）と、ナショナル証券取引所（NSE）の2つである。ナショナル証券取引所は1994年に設立されている（インドナショナル証券ウェブサイトより）。

インド大手企業の株価を精査したところ、改正特許法が公布された2005年4月5日を挟んで大手企業の株価は上昇基調にあることが示された。上記のように、インドの大手製薬企業は、その多くがインドの株式市場に上場を果たしているが、今回の分析対象は、TRIPSおよび物質特許導入をきっかけに、ビジネスモデルを「ジェネリック専業モデル」から「ジェネリック医薬品もブランド医薬品も扱う統合的なビジネス」へと転換を図れる企業ということで、インド製薬企業のうち上位5社を考慮した。本書の研究で設定した仮説は「政府の努力（第3条d項の導入）と、産業側の努力（ビジネスモデルの転換）の双方が相まって相乗効果をもたらした」というものであり、産業側の努力（すなわちビジネスモデルの転換）ができない企業では、この仮説が成り立たないからである。なお上位5社のうち、Ranbaxy社は日本の企業である第一三共の子会社となったため排除することとした（注：第一三共は2014年にRanbaxyを売却した）。

図5-1は、インドの大手製薬企業4社、Dr. Reddy's社、

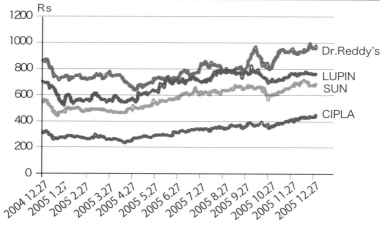

図5-1 インド大手製薬企業の株価の変遷 (2004年12月27日～2005年12月27日)

出典:インドナショナル証券取引所ウェブサイト

Lupin社、Sun Pharmaceutical社、Cipla社のナショナル証券取引所における株価動向である。2004年12月27日から2005年12月27日の間の終値をプロットしたものである。

物質特許導入を定めたインド2005年改正法は、2005年4月4日に公布され、2005年1月1日に遡及されて同日より施行された。La Croix & Kawaura（1996）による先行研究では、日本の株価の場合は物質特許導入を挟んだ2ヵ月間、韓国の株価の場合は14ヵ月間を計測している。インドの場合、大統領令が2004年12月26日に発令され、翌2005年3月22日に議会を通過し、2005年4月5日に改正されるというプロセスを踏んだ。これを鑑み、2004年12月27日から2005年12月27日の間の1年間を計測期間とした。株価なので、当然のことながら上下のぶれが観察されるが、観察期間中上記4社の株価はおおむね上昇基調にあるといえよう。

表5-1 インドの製薬産業の発展

	1950-51	1960-61	1970-71	1980-81	1990-91	2000-01
manufacturers (No)	200		2300	6400	16000	20000
Investment (Rs. Mil)	50	560	2250	6000	9500	30000
R&D Expenditure (Rs. Mil)			100	290	800	4000
Production (Rs. Mil)	100	1130	4000	14400	45700	228870
Export (Rs. Mil)		16	85	463	7848	87290
Import (Rs. Mil)		176	243	968	4075	29800

出典: Developing Innovation Capacity in India (Bhojwani2005)

5-3
インド製薬企業の業績分析 —売上、利益の推移

　前述のように、1970年特許法改正で、インドでは製薬分野などで物質特許が廃止された。物質特許のないインド市場を嫌い、外資系の製薬企業はGSK社を除きインド市場から撤退した。そういった環境の下、インドの内資企業は、海外では特許保護下にあるブランド医薬品を、リバースエンジニアリングし、ジェネリック医薬品として製造し、インド市場ばかりでなく、海外でも販売し、大きく発展を遂げた。

　表5-1は、Bhojwani（2005）の発表資料「Developing Innovation Capacity in India」から、1950年以降のインドの製薬産業の発展を示したデータである。インドの製薬産業の企業数、生産高、輸出入などが、1970年代から急速に増加している様子が示されている。

　図5-2は、上記の表5-1より生産高を取り出し、グラフ化し

図5-2 インドの製薬産業の生産高の推移 (1950年〜2001年)

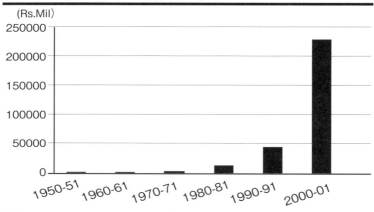

出典:Developing Innovation Capacity in India (Bhojwani 2005)

たものである。製薬の生産高が、インド独立直後のほとんどゼロに近い水準から、1970年代以降、急速に増加している様子が示されている。

「Indian Pharmaceutical Market Outlook 2009-2024」(Visiongain, 2009)によると、インドの製薬産業の生産高(総額)は1997年に30億USドルだったが、2008年には97億USドル、2009年に107億7000万USドルに達した。年成長率は2008年が15％、2009年が11％となっている。これらの数値は、インドの製薬産業が2005年の物質特許導入を乗り越えて、力強い発展を続けていることを示している。

図5-3に、2002年以降のインド国内市場およびインド製薬生産高の変遷を示す(Annual Report 2008-2009, Department of Pharmaceuticals, Government of India)。図が示しているように、国内市場および生産高ともに、2002年から2008年の間、

図5-3 インドの製薬産業の生産高の推移 (2002年～2008年)

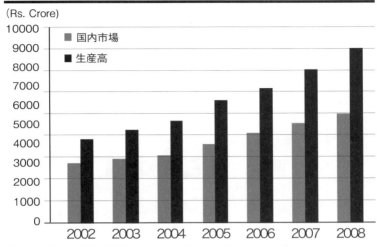

出典:Annual Report 2008 - 2009, Department of Pharmaceuticals, Government of India

急速に増加している。さらに、生産高と国内市場の差が輸出を示すが、輸出も当該期間、急速に増加していることが示されている。

次にインド大手企業各社の動向をみるため、インドの大手企業の財務諸表から、インド大手製薬企業の業績の分析を試みた。上記の理由により、インド製薬の大手5社より、Dr. Reddy's社（図5-4)、Lupin社（図5-5)、Sun Pharmaceutical社（図5-6)、Cipla社（図5-7）の4社を取り上げ、これら4社の売上高および利益の推移を図に示す（インド大手製薬企業の財務諸表a～dより作成）。

図5-4から図5-7までのグラフから、4社とも2005年の物質特許導入を挟んで売上げをほぼ順調に伸ばしていることがわか

図5-4 Dr.Reddy's社の売上及び利益の推移（1999年〜2009年）

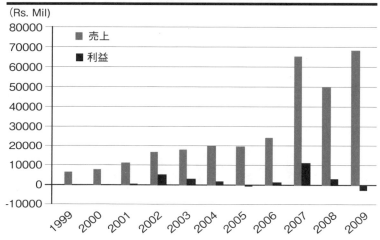

出典：Dr. Reddy's社の各年財務諸表より筆者作成

図5-5 Lupin社の売上及び利益の推移 （2004年〜2009年）

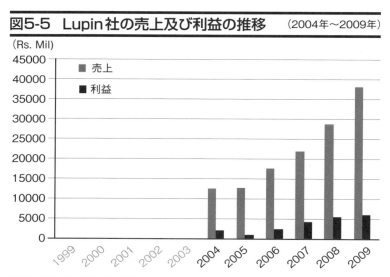

出典：Lupin社の各年財務諸表より筆者作成

第5章　インド製薬産業の指標分析 - 各種データ分析

図5-6　Sun Pharmaceutical社の売上及び利益の推移（1999年〜2009年）

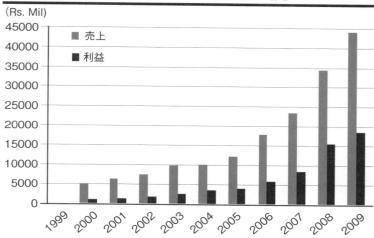

出典: Sun Pharmaceutical 社の各年財務諸表より筆者作成

図5-7　Cipla社の売上及び利益の推移　（1999年〜2009年）

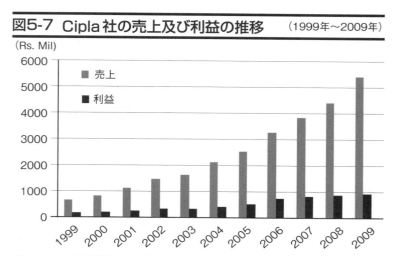

出典: Cipla 社の各年財務諸表より筆者作成

る。利益は、景況や、規制当局からの認可の有無、為替レートなど、さまざまな要因で増減があるが、2005年を挟んでほぼ順調に伸びている。Dr. Reddy's 社が 2009 年に損失を計上しているのは、ドイツの子会社である Betapharm 社の不振によるものである。

これらの業績のデータからは、インドの製薬産業が、2005年の物質特許導入以降も成長を続けていることが示された。

5-4 インド製薬企業の研究開発投資の推移

次に、インドの製薬業界の研究開発投資を分析した。インドの製薬企業は 1970 年特許法の下で、リバースエンジニアリングを利用したジェネリック専業モデルで大きく業績を伸ばした。ジェネリック専業であったため、この時期のインドの大手製薬企業の研究開発投資はきわめて限られていた。ところが先行研究で示されているように、インドの大手製薬企業は TRIPS 合意、物質特許導入を機に、研究開発投資を増加させ、スーパージェネリックの開発および新薬開発に注力している。ジェネリック医薬品開発にかかる費用と、付加価値を加えたスーパージェネリック、あるいは新規化合物を探索し開発するのに必要とされる研究開発費は大きく異なる。

図 5-8 は、1991 年から 2006 年までのインド製薬産業界の研究開発投資額(総額)を示す。

Grace(2004b)および Greene(2007)によると、インド製

図5-8 インドの製薬業界の研究開発投資額

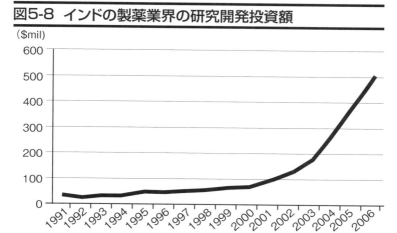

出典:DFID Health Systems Resources Centre 2004 (1991～2000) 及び
The Emergence of India's Pharmaceutical Industry and Implications for the US Generic Drug
Markety by William Greene (2001-2006)

薬企業の研究開発投資総額は、1995年の4460万USドルから、2000年には7360万USドル、2006年には4億9520万USドルへと10年間で10倍強増加している。売上高に占める研究開発投資の割合も、1995年の2%から、近年には6～7%へと増加している。インドの製薬産業界が、1995年のTRIPS発効、2005年の物質特許導入を機に研究開発投資を増加させていることを示している。

　次にインド製薬企業各社の研究開発投資の動向を調べるため、インド大手製薬企業各社の財務諸表から研究開発投資額のデータを収集し、グラフ化した。図5-9は大手5社の研究開発投資の動向（1999年から2009年まで）である（インド大手製薬企業の財務諸表a～dより作成)。研究開発投資は、景況、企業の財務状況、各社の研究開発戦略などさまざまな因子により影響を受けるが、図に示した5社の場合、おおむね右肩上が

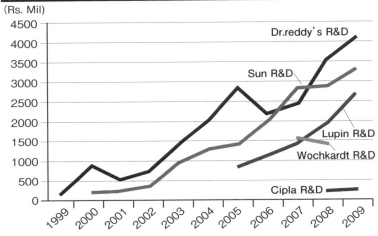

図5-9 インド大手製薬企業の研究開発費の変遷 （1999年～2009年）

出典：各社の財務諸表より作成

りに増加している様子が見て取れる。後述するようにインド大手製薬企業の一部は、研究所を設立したり、新薬開発のための子会社を設立したりしているところもあり、そのようなインフラの整備も研究開発投資を増加させる一因となっている。

　Dr. Reddy's の研究開発費は2005年から2006年にかけて縮小している。同社のアニュアルレポートによると、2005年の売上高は、欧米市場における競争激化のため前年比3％減少し、利益も大幅に減少した。そのため、同社は「smart R&D」戦略を掲げ、研究開発のターゲットを絞り込み、他社とのコラボレーションを増やすことにより自社の研究開発投資を圧縮した。2006年に業績が回復したため、その後研究開発投資を再び増加している（インド大手製薬企業の財務諸表aより）。

　研究開発費は、新規医薬品の開発および、付加価値をつけた

ジェネリック医薬品の開発にも投じられている。調査コンサルティング会社のEspicom Business Intelligence (June 2010) は、インドの大手製薬企業が、1995年のTRIPS合意、2005年の物質特許導入を機に、研究開発費を新規化合物の開発に向け始めたと記述している。

松島（2009）の「インド製薬産業を巡る最新企業動向と戦略的位相」によると、研究開発投資の30％が新規医薬品開発に、残り70％がジェネリック医薬品の開発に向けられている。

大手医薬品企業であるDr. Reddy'sの場合、付加価値をつけたブランデッドジェネリック医薬品の売上高が152億4100万ルピーであるのに対し、通常のジェネリック医薬品の売上高が177億8200万ルピーとほぼ拮抗している（Espicom Business Intelligence, 2009）[15]。

5-5

パイプライン分析

製薬企業の開発パイプラインは、開発の各段階にある、新規医薬品候補品の開発の進捗状況を表すものである。ジェネリック医薬品には実質的に臨床試験がないため、開発パイプラインをもつことが、インドの製薬企業が新規医薬品の開発を行っていることの証左となる。したがってパイプラインがあるか否かをみることで、当該製薬企業が、ジェネリック医薬品企業なのか、ブランド医薬品（先発品）企業なのかを見分けることができる。さらには、パイプラインを分析することで、当該製薬企

表5-2 インド大手各社のパイプライン

	前臨床		PI		PII		PIII		承認済み	
	1995年	2006年	1995年	2006年	1995年	2006年	1995年	2006年	1995年	2006年
Dr.Reddy's	0	10	0	4	0	3	0	0	0	0
Ranbaxy	0	6	0	3	0	0	0	0	0	0
Cipla	0	0	0	0	0	0	0	0	0	0
Sun	0	3	0	0	0	2	0	0	0	0
Piramal	0	0	0	1	0	1	0	0	0	0
Zydus	0	3	0	2	0	2	0	0	0	0
Lupin	0	0	0	1	0	2	0	1	0	0
Torrent	0	6	0	0	0	0	0	0	0	0
合計	0	36	0	11	0	10	0	1	0	0

出典:「The Indian Pharmaceutical Market to 2011」(Business Insight 2007)

業の開発状況を見極めることができる。

　1995年以前のインド製薬企業は、リバースエンジニアリング専業モデルの下、ジェネリック医薬品ビジネスに特化していたため、新薬開発を行っておらず、開発パイプラインは空白であった。しかしインドの大手製薬企業は1990年中葉以降研究開発投資を増やし、新薬開発に着手したため、いまや大手企業の開発パイプラインは増強され、充実してきている。臨床試験後期にあたるフェーズII臨床試験や、フェーズIII臨床試験を行っているインド製薬企業もある。表5-2にインド大手製薬企業のパイプラインを示す(Business Insights "The Indian Pharmaceutical Market to 2011" 2007)。

5-6 特許出願動向の分析

　研究開発努力の成果として知的財産が生まれ、知財管理が必要となってくる。そこで、インドの製薬分野の特許出願動向を分析することとした。「2.2 特許の観点からみた製薬産業の特殊性」で説明したように、製薬企業にとって物質特許はきわめて重要であり（小田切，2006）、物質特許の取得が製薬企業の業績に大きな影響を与える。インドの大手の製薬企業は従前からプロセス特許（#24）などの若干の特許出願を行ってきたが、新薬開発に着手した1990年中葉から特許出願数を増やしている（小田切，2006年b）。図5-10に分野別特許出願数の動向を

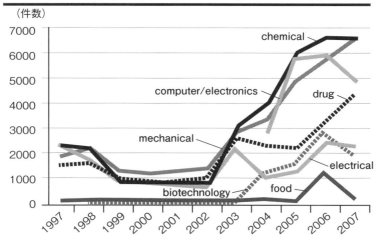

図5-10　特許申請数（分野別1997年〜2007年）

出典：インド特許庁年次報告書1997年〜2007年

図5-11 インド大手企業の特許申請数の変遷

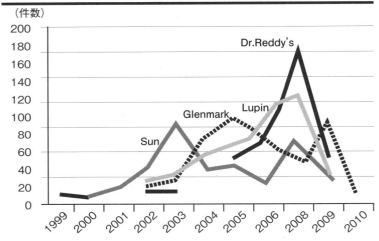

出典:インド特許庁ウェブサイトより

示す（インド特許庁ウェブサイトeより）。年号は特許出願の年であり、件数は出願数（インド人、外国人を含む）である。特許の分野は、出願時にインド特許庁の審査官が国際特許分類（IPC）基準（＃25）に基づいて決定する。

　特許出願は、企業がそれぞれ自社の戦略に則って独自に行う活動である。企業それぞれの特許出願・取得活動を精査するため、大手製薬企業の企業別特許出願数の動向を、インド特許庁のウェブサイトの検索エンジンを使って調査した(インド特許庁ウェブサイトd)。図5-11に企業別製薬特許出願数を示す。インド特許庁は、現在包括的な特許データベースを構築中であり、2014年現在アクセスが可能なデータベースは、必ずしもすべての特許データを搭載したものではない。

図5-11の件数は、公開された特許出願の件数を示す。年号は特許出願の年である。インドでは、特許出願後通常18ヵ月後に、情報が公開される。したがって、出願後18ヵ月の間は特許情報が公開されない。図より、2000年以降大手製薬企業による製薬関連特許の出願数が増加していることが示されている。

5-7
貿易統計の分析：医薬品の輸出入の動向（中間体・バルクおよび最終製品）

6番目として、最終製品、中間体・バルクの輸出入のデータを分析する。インド政府は、インド製薬市場への外国製薬企業の参入を阻むために、第3条d項を導入したとされる。そこで、まず、インド市場への、外国製医薬品の輸入のデータを調べることとした。また、物質特許導入以前には、物質特許がインドに導入されるとインドの内資製薬企業はリバースエンジニアリングモデルをもはや使うことができなくなるため、インド内資製薬企業の製品輸出が伸び悩むとの懸念が表明された。この検証のため、インドの最終製品の輸出の動向も分析した。

図5-12は、インドの医薬品の輸出入の動向を示している。インドは最終製品および中間体・バルクを輸出入している。1990年以降、輸出・輸入とも急激な伸びを示しており、急成長は2005年の特許導入年を挟み続いている。貿易収支は年により異なるが、2004年以降は輸入超が続いている（Joseph, 2009）。

図5-12 インド製薬関連輸出入の動向

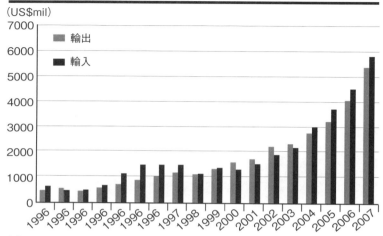

出典:RIS Discussion Paper 2009

次に最終製品と中間体・バルクとを分けて、輸出入の動向を調べた。

図5-13にインドの製薬最終製品の輸出入の変遷を示す。最終製品では輸出が輸入を大きく上回っている。最終製品の輸出相手国はかつてはロシアやCIS（独立国家共同体）であったが、今では規制市場である米国が最大の輸出相手国となっている（24％）。米国以下の大きな輸出相手国は、ロシア（7％）、英国（5％）、ナイジェリア（4％）、ウクライナ（3％）となっている。（Joseph, 2009）

輸出の急激な伸びに比べて、輸入の伸びは限られている。物質特許導入前に多く懸念が表明された、特許保護下にある先発医薬品の急激なインド市場への参入はみられない。「インド薬

図5-13 インドの製薬最終製品の輸出入動向

出典: RIS Discussion Paper No. 159 (2009)

業事情」(日本製薬工業協会, 2009 d) によると、これまでインドで上市された特許製品は9品にすぎないという。輸入相手国としてはスイスが圧倒的に大きく(37%)、次いで米国(12%)、ドイツ(10%)、イタリア(4%)、フランス(3%)と続く(Joseph, 2009)。

次に中間体およびバルクの輸出入の動向を調べた。

図5-14が示すように、インドの医薬品中間体・バルクでは最終製品の動向とはまったく逆に、大幅な輸入超過である。輸入先としては中国が15%と圧倒的に大きい。中国に続く大きな輸入国は、シンガポール (11%)、サウジアラビア (11%)、米国 (9%)、マレーシア (5%) である。(Joseph, 2009)

最終製品の輸出入動向、および中間体・バルクの輸出入動向

図5-14　インドの医薬品中間体・バルクの輸出入動向

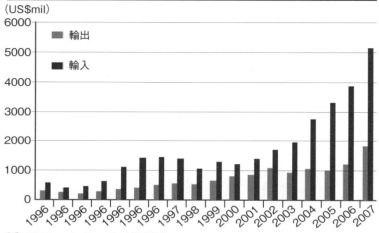

出典: RIS Discussion Paper No. 159 (2009)

から、インドが、原料や中間体を海外から輸入し、最終製品を製造し、海外へ輸出している構図が見て取れる。

5-8
インド製薬産業の発展モデルの分析

次に、インド製薬産業の発展モデルの転換について分析を深化させるため、インド大手製薬企業のアニュアルレポートの記述、会社組織の変更などから、インド大手製薬企業の業績の動向と、ビジネスモデルの転換の関連性を検証することにした。

Dr. Reddy's 社のAPIビジネスのプレジデントを務める

図5-15 インド製薬産業の発展モデル

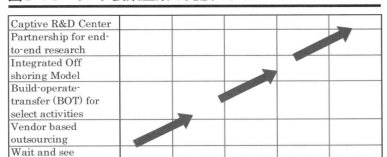

出典：A.Sawhney(Dr. Reddy's Laboratories 社 API President)(2007)「Business Models & Partnering Strategies in Asia's Emerging Biotech Market Case Study India」JETRO BioLink(口頭発表)

Arun Sawhney は、2007年に開催された JETRO BIOLINK FORUM で講演を行い、その中でインドの製薬企業のビジネスモデルの変遷について、「成り行きを静観する」から、「アウトソーシング」「共同研究」などを経て「自社研究所の設立」へと進化を遂げていくだろうと述べた（Sawhney, 2007）（図5-15）。

Chaturvedi & Chataway（2006）の先行研究や、Kale & Little（2007）の先行研究でも、インドの製薬企業が、TRIPS合意、それを受けての2005年の物質特許導入を機に、ビジネスモデルを変更し、付加価値を加えたスーパージェネリック医薬品開発や新薬開発に注力している様子が記載されている。

Bloomberg Businessweek は2005年4月17日の記事で、「2005年の特許法改正を受けて、これまでインド内資の製薬企業が30年間行ってきた、外資系製薬企業の特許を無視してライセンス料を支払わずに（外資系製薬企業の先発品を模した）ジェネリック医薬品を製造することができなくなったため、インド

には既に50以上の医薬品研究所が設立され、さらに多くの研究所の設立がみこまれている」と紹介した。インド大手製薬企業の1つであるNicholas Piramal社で戦略アライアンス部門の責任者を務めているSwati A. Piramalは記事の中で、「インドの製薬企業はこれからは模造品を作るだけではない。先進国と最先端の医薬品で正々堂々と戦う」と語っている (Kripalani, 2005)。

インド製薬大手各社のアニュアルレポートにも、各企業トップの研究開発重視への決意が記されている。Dr. Reddy's社のアニュアルレポート(インド大手製薬企業の財務諸表aより)には、同社のビジョン「Becoming a discovery-led global pharmaceutical company (創薬に立脚した世界的な製薬企業になること)」が掲げられている。このビジョンの下、Dr. Reddy's社は、他のインドの内資製薬企業に先駆けて1994年から新薬開発プログラムに着手し、研究開発投資を増額し、パイプラインを充実させている。

一方、Lupin社の2005年のアニュアルレポート(インド大手製薬企業の財務諸表bより)には「Becoming an Innovation-led Transnational Pharmaceutical Company (イノベーションがけん引する世界的な製薬企業になる)」が掲げられている。同社は2005年に、「2009年までに売上10億USドルを達成する」との目標を打ち立て、研究開発投資を目標達成のドライバーの1つに据えている。2005年からとりわけ研究開発投資を増強しており、研究開発に注力している。

Sun Pharmaceutical社は近年新薬開発に最も力を入れているインド企業の1つであり、2000年中葉から大規模な研究開発投資を行っている(Sun Pharmaceutical社アニュアルレポー

ト；インド大手製薬企業の財務諸表cより）。

　前述のように、Dr. Reddy's 社の API ビジネスの President を務める Arun Sawhney は、2007 年の日本での講演で、インドの製薬企業のビジネスモデルの変遷について、「成り行きを静観する」から、「アウトソーシング」「共同研究」などを経て「自社研究所の設立」へと進化を遂げていくだろうと述べた（Sawhney, 2007）。インドの大手の製薬企業は実際のところ、Sawhney が示したビジネスの変遷の最終到達点である「自社の研究所の設立」まで実現している。

　Dr. Reddy's 社は、研究所をインドのハイデラバード市とバンガロール市の他、英国のケンブリッジ市、米国のプリンストン市、オランダに設置している。一方、Lupin 社は、プネ市に Research Park（研究学園都市）を建設し、Sun Pharmaceutical 社は、本社のあるムンバイ市とバドダラ市の他、イスラエル、カナダ、米国に研究所を設置している。準大手の Zydus Cadila 社は、2000 年にアーメダバード市に新薬開発を行う研究所を設立した。Nicholas Piramal 社（現在の Piramal Life Science 社）はムンバイ市に最新鋭の研究所を保有する。

　さらに一部のインドの大手製薬企業は、新薬開発事業を本社から切り離し、新薬開発に特化した会社を設立している。Sun Pharmaceutical 社は、新薬開発のための新会社 Sun Pharma Advanced Research Company 社を 2007 年に設立しており、米国でフェーズ II 臨床試験を手掛けている。Nicholas Piramal 社は、2008 年に新薬開発会社 Piramal Life Science 社を設立した。Dr. Reddy's 社は 2006 年に、Citigroup Venture および ICICI Venture とともに新薬開発会社である Perlecan Pharma

社を設立し、4つの新薬候補品の開発業務を同社に移管した。Perlecan Pharma 社は新薬開発に失敗し、後に閉鎖された。

5-9 まとめ

本章では、第3章のフレームワークに基づいて、第1段階「インドの製薬産業の役割」の分析を行った。インドの製薬産業界の経済活動を示す各種指標を分析し、インドの製薬産業が1995年のTRIPS発効、および2005年の物質特許導入を機にどのような行動をとり、それによりどのような成果を生み出したかを分析した。

先行研究から、「途上国により厳格な特許法が導入されると経済的損失が生み出される」ことが指摘された。インドは途上国であり、同先行論文が指摘したように、インドに物質特許が導入されたことで、経済的インパクトがもたらされたのかを調べるため、6つの項目——株価、業績、研究開発投資、研究開発パイプライン、特許出願動向、貿易統計——を分析した。上記のように、6つの項目の分析結果からインドの製薬産業が2005年の物質特許導入を挟んで、成長を続けていることが示された。

前述のように、インドのデータは必ずしも包括的なデータではなく、ベース（基準）が異なるものもあり、齟齬がある可能性がある。また、2005年特許法改正とデータの変遷との関連性、あるいは第3条d項とデータの変遷の関連性を分析するのに

必要な情報を補うため、第6章で、現地でのインタビューを分析し、これを補強することにする。

第6章

物質特許導入後の
特許法実施状況の分析

第6章では、第3章の研究のフレームワークに基づいて、
第2段階の「インド政府の役割」について分析を行った。
具体的には、インド政府が2005年特許法に導入した
第3条d項が、インドの内資製薬産業に保護を与え、
それによりインドの製薬産業の好業績が維持されたのかを
分析するため、インドを訪問し、
インド製薬産業協会、インドの大手製薬企業、インドの政府関係者、
インドの公的研究機関、大学、法律事務所、コンサルタントなどの
ステイクホルダーにインタビュー調査を行った。

6-1
検証手法：
現地インタビュー調査の概要

　第5章の終りに述べたように、インドのデータは必ずしも包括的なものではなく、ベースが異なるものもあるため、統合した情報が得られない可能性がある。このため、2005年特許法改正と、データ分析の結果の関連性、ならびに第3条d項と、データ分析の関連性の分析を補うために、現地を訪問し、一連のインタビュー調査を行った。インド訪問は2007年9月から6回行い、製薬産業団体、製薬企業、インド政府〔特許庁、科学工業研究委員会（Council of Scientific & Industrial Research、CSIR）、関連省庁〕、公的研究所、大学、弁護士事務所やコンサルタントなどを訪問し、「インド2005年改正特許法」および「第3条d項」の影響などについて聞いた。

　インタビュー相手は、具体的には、インド製薬業協会（IDMA、IPA、OPPI）、インドにある製薬企業〔Ranbaxy、Dr. Reddy's、Sun Pharmaceutical、GSK など〕、インド政府関係者〔CSIR、科学技術省バイオテクノロジー局（Department of Biotechnology：DOB）、科学技術省科学技術局（Department of Science & Technology：DST）など〕、インドの公的研究機関（IICT、CDRIなど）、大学（IIT、NUJS）、法律事務所・コンサルタント事務所（Corporate Group、Amarchand & Mangaldas、Anand and Anand、Lakshmikumaran & Sridharan など）であった。

インドの製薬業協会

インドには、The Indian Drug Manufacturers' Association（IDMA）、Indian Pharmaceutical Alliance（IPA）、The Organisation of Pharmaceutical Producers of India（OPPI）という3つの製薬業界団体がある。IDMAはインドの中小製薬企業の団体であり、IPAはインド内資の大手製薬企業の団体、OPPIは外資系製薬企業が中心となり設立された団体である（各団体ウェブサイトより）。

それぞれの加盟社を反映して、インド2005年特許法および第3条d項に対するポジションも異なる。IDMAとIPAはインド2005年特許法および第3条d項に賛成の立場である。一方、OPPIはインド2005年特許法及び第3条d項に反対の立場である。

本研究のため、3つの製薬産業団体を訪問し、それぞれの団体のインド2005年特許法および第3条d項に対する見解を聞いた。

インドの製薬産業

インドには2万社の製薬関連企業があるといわれる（増田，2007）。そのほとんどは中小零細企業であり、研究開発に着手できるだけのリソースをもっている大手製薬企業の数は少ない。大手製薬企業には、Ranbaxy、Dr. Reddy's、Cipla、Lupin、Aurobindo、Sun Pharmaceutical、Wochkardtなどがある（図2-7を参照）。外資系ではGSKが1970年以降もインドに残り、長年にわたりインド市場でビジネス活動を続けてきている。同社は現在では、インドの内資大手企業と匹敵するほどの占有率を保有している。

今回のインタビューでは、インドの内資の大手製薬企業であるRanbaxy、Dr. Reddy's、Sun Pharmaceutical、Wochkardtのほか、外資系でありながらインド市場で大きなプレゼンスをもつGSK、IDMA元会長が経営するBlue Cross、日本企業の中で唯一インドに製造拠点をもつEisai（エーザイ）などを訪問しインタビューを行った。各企業の戦略、および2005年特許法改正による効果について意見を収集した。

インド政府

インド特許庁は、ニューデリー、ムンバイ、コルカタ、チェンナイにオフィスをもち、それぞれ独自に特許審査活動を行っている。

インド政府は、科学技術政策の推進のため、首都であるニューデリーに科学工業研究委員会（CSIR）を設置した。現在このCSIRが、インドの研究政策・戦略を策定し、執行している。CSIRの傘下に39の国立研究所が置かれており、インドの科学技術研究を牽引している。

今回のインタビューでは、特許の実務を行うインド特許庁（ニューデリー、ムンバイ、コルカタの各オフィス）、およびインドの特許施策を含む科学技術政策を担うCSIRの本部、さらにCSIR傘下の研究所を訪問し、インド政府の科学技術政策ならびに2005年特許法改正・第3条d項による影響について意見を収集した。

大学

インドには数多くの大学が存在する。その最高峰はインド工科大学（Indian Institute of Technology:IIT）であるといわれる。

今回のインタビューでは、研究開発を牽引する研究大学であるIITのムンバイ校、および、法学研究でインドのトップスクールであるThe West Bengal National University of Juridical Sciences（NUJS or WBNUJS；コルカタ）を訪問し、アカデミックな立場からみた、2005年特許法改正・第3条d項による影響について意見を収集した。なお、NUJSのBasheer教授は、2005年特許法改正、およびそこに含まれる第3条d項問題に造詣が深く、本書で引用した論文を執筆している。

法律事務所およびコンサルタント

インドには数多くの法律事務所や、コンサルタント事務所がある。今回のインタビューでは、Corporate Group（ニューデリー）、Evalueserve（ニューデリー）、Amarchand & Mangaldas（ムンバイ）、Lakshmikumaran & Sridharan（ニューデリー）、Anand and Anand（ニューデリー）を訪問し、2005年特許法改正・第3条d項による影響について意見を収集した。

法律事務所やコンサルタント事務所は、インドの特許法およびその変遷について深い情報をもつ一方、政府や産業界からは独立した立場であり、2005年特許法改正・第3条d項の影響について第三者の立場として意見を聴取した。

6-2
製薬産業界および政府の視点

　ここでは、「2005年特許法」および「第3条d項」に対して、異なるポジションをもつインドの製薬産業団体とのインタビュー結果を引用し、第3条d項の効果を検証することとする。また2005年特許法改正に第3条d項を取り入れた政府の意図を見極めるため、政府の科学技術政策担当者とのインタビュー結果も引用することとする。

IDMA

　IDMAはおもに中小の製薬企業から構成される業界団体で、1961年に設立された。2014年現在およそ600社以上が加盟しており、インド市場の最終製品で75％、バルクで85％のマーケットシェアをもつ。インド政府が2005年改正特許法を策定する際、IDMAは、第3条d項の作成に直接携わったという。つまり第3条d項は、インド政府と、IDMAの共同作業の成果であるといえる。

　インタビューの中で、IDMAのエグゼクティブ・ディレクター（Executive Director）をつとめるGajanan Wakankar氏（当時）は、「第3条d項により、瑣末な向上に特許を付与しないことで、インドのジェネリック医薬品メーカーは、ジェネリック医薬品を製造し続けることができる。（もし第3条d項がなく）瑣末な向上にも特許を付与したら、（インドの）ジェネリック医薬品メーカーはジェネリック医薬品の製造を中止しなけれ

ばならなくなる」と述べている。

　第3条d項により、インド特許庁が外資系製薬企業による瑣末な向上の特許出願を拒絶することで、インドのジェネリック医薬品メーカーがジェネリック医薬品を製造し続けられているという構造を示し、これを支持した。

　また、Blue Cross 社の会長（Chairman）を務める Nihchal H. Israni（元 IDMA の President）は、「必須医薬品を購入するお金がないとき、なぜ新規医薬品について考えなければならないのか？　インド政府の貧困対策は、ジェネリック医薬品の普及だ。ジェネリック医薬品が安い価格で販売されなければならない」と述べ、インド政府が、ジェネリック医薬品の普及をめざし、特許法を含む政策を打ち立てているとの見解を述べた。

　Israni 氏が、製薬企業の視点とは異なる、「貧困」という社会的課題をもち出して第3条d項を論じていることは注目に値する。

IPA

　IPA は、研究開発に大型の投資をしており、海外市場での販売承認もとっている、インド国内市場で1％以上のマーケットシェアをもつインドの大手製薬企業で構成される団体で、2000年に設立された。特許に関するあらゆる問題や公衆衛生の問題に取り組み、インド政府に働きかけ、政策立案に資するため情報を提供している。

　IPA の事務局長（Secretary General）をつとめる D.G. Shah 氏は「インド 2005 年改正特許法の目的は、インド国民のジェネリック医薬品へのアクセスを確保すること、および特許期間の延長を防ぐことにある」と述べ、「インド政府と IPA がめざ

しているのは、米国や欧州の特許法を模倣するのではなく、インドの消費者と、インドのイノベーターの利益をバランスした、インド独自の特許法を生み出すこと」と説明する。

　Shah 氏もまた、「消費者」の視点をもち出して 2005 年特許法改正について述べているところが注目に値する。同氏はさらに、インドの消費者の利益と、インドのイノベーターである製薬会社の利益をバランスさせることが重要であると主張し、多国籍製薬企業の視点との対比を際立たせている。

OPPI

　OPPI はおもに外資系製薬企業で構成される業界団体で、研究開発型でプロ・パテント（特許保護重視）の立場の企業が参加している。2014 年現在 33 社が正会員として参加しており、1965 年に創設された。

　OPPI のディレクター・ジェネラル（Director General）を務める Tapan Ray 氏（当時）は、「2005 年インド改正特許法に含まれる第 3 条 d 項に懸念をもっている。インド政府が、必要なプロセスに従って解決する（特許法を改訂する）ことを望む」と述べている。インドは WTO に署名したのだから、TRIPS 準拠の特許法をもつべきであるというポジションであり、「第 3 条 d 項がある限り外資系製薬企業はインドで研究開発を行おうとしないだろう」と述べている。つまり外資系製薬企業を代表する OPPI は、第 3 条 d 項の効果とは、外資系製薬企業の業績を悪化させるものであると強く認識しており、第 3 条 d 項の廃止を望んでいる。

CSIR

 CSIR の研究開発部長(Head, R&D Planning Division)を務める Naresh Kumar 氏(当時)は、インド 2005 年特許法改正が行われた際、インド政府が設立した Mashelkar Technical Expert Group(TEG)のレポートにふれ、インド 2005 年特許法改正が TRIPS 準拠でない理由は、インド議会や NGO、市民グループからの強い圧力があったからだと答えた。

 Kumar 氏はさらに、「インドでは市民社会や非政府機関(NGO)の力がとても強く、彼らは質の高い医薬品を安価で提供してほしいと願っている。インドがもし先進国並みのルールや規則を取り入れたら、インドの医薬品価格がとても高くなる。だから市民社会が望む政策、国民が医薬品を入手できる政策が必要だった。何らかの抜け道が必要だった」と答えた。つまり、NGO や市民グループからの強い圧力を受けて、インド政府が、市民社会を守るために、第 3 条 d 項を 2005 年特許法に挿入したことを示唆した。

 これらの一連のインタビューは、インド政府が 2005 年に特許法を改正する際、インドの製薬産業界が、外資系製薬企業のインド市場への急な参入を懸念し、インド政府に何らかのセーフガード条項導入を働きかけ、その結果として、インド政府もインド製薬市場を外資系製薬企業から守る必要性を認識し、ひいては、2005 年特許法改正に第 3 条 d 項を導入したことを示している。

 また、外資系製薬産業界は、第 3 条 d 項が、外資系製薬企業に対して負の影響を与えていることを認識しており、第 3 条 d 項の撤廃を望んでいることが明らかになった。

さらに、第5章の各種データ分析結果が示しているように、インド市場への外資系製薬企業の急速な参入は今はまだみられず、これまでのところインド政府が意図したように、第3条d項は、外資系製薬企業のインド市場への参入を阻む防波堤の役割を果たしていることが示唆されている。

6-3 第3条d項に基づく特許審査拒絶のケース

インド特許庁は、実際のところ、インド2005年改正特許法第3条d項を根拠に拒絶査定を出している。2005年改正特許法第3条d項は、既知の化学物質のデリバティブス（派生品）の特許を、「大幅な効用の向上がなければ認めず」、それにより、特許性を厳しく制限している。。

「2.4 特許法の変遷」に記したように、Novartis社のグリベックの特許出願がインド2005年特許法第3条d項を根拠として拒絶されたときには、マスコミに大きく取り上げられ、大きな議論を引き起こした（山名, 2007b）。続いて、タルセバ（Tarceva）をめぐる、メガファーマであるRoche社とインド内資製薬企業Cipla社との係争も大きな議論をよんだ。ここでは、Novartis社のグリベックの特許拒絶のケースと、タルセバをめぐるRoche社とCipla社の係争のケースを分析する。

Novartis社「グリベック」の特許拒絶

インド特許庁は2006年1月に、スイスの製薬会社Novartis

社から提出されていた慢性骨髄性白血病治療薬「グリベック」の特許出願を、第3条d項を理由に拒絶した（山根，2008）。このケースは、多数のインドの製薬企業が、グリベックのジェネリック医薬品バージョンを製造し、安いグリベックのジェネリック医薬品バージョンをインド国内で販売するばかりではなく、第三世界へ輸出しているため、大きな議論を引き起こした。当該のインド政府や、Novartis社の本社があるスイスばかりでなく、安いインド製品を輸入している国や第三世界へのインド医薬品の提供を支援している国際的NGO・NPOなどを巻き込み大きな論争となった。

　Novartis社は、この特許拒絶査定を不服として、2006年5月17日、マドラス高等裁判所に対して2つの訴訟を提起した（山名，2007a）。1つは、グリベックへの特許付与を拒否したチェンナイ特許庁の査定に不服を申し立てるものであり、2つ目は、インドの2005年改正特許法第3条d項そのものが、インド憲法およびTRIPS協定違反であると主張するものである。1つ目の異議申し立ては知的財産上訴委員会（Indian Patent Appellate Board、IPAB）に回された。マドラス高等裁判所は、2007年8月6日、Novartis社のインド特許法に対する2つ目の異議申し立てを棄却した。裁定は、インドの2005年改正特許法第3条d項が、インド憲法およびTRIPS違反であるとする、Novartis社の訴えを退けるものであった（マドラス高等裁判所，2007）。さらに、IPABは、2009年6月26日、特許出願の却下を不服とするNovartis社の訴えを退けた（IPAB，2009）。Novartis社は、これを不服として最高裁判所に上告した。2013年4月1日、インドの最高裁判所はNovartis社の訴えを退ける判決を下した。

「タルセバ」をめぐる Roche 社と Cipla 社の係争

インド内資の Cipla 社は、スイスの製薬会社 Roche 社がインド特許庁から特許を付与された抗がん剤「タルセバ」を第3条 d 項を根拠に「特許性がない」と主張し、ジェネリック医薬品を製造し、販売した。当該抗がん剤をめぐり、Roche 社と Cipla 社はお互いを提訴したが、インド高裁は Cipla 社に対し、結審まで生産を認めた（山根，2010）。

財団法人国際貿易投資研究所公正貿易センターが取りまとめている「『国際知財制度研究会』報告書」（平成21年度版）に、両社の係争について詳細な報告が記されている（国際貿易投資研究所，2010）。以下に同報告書からの抜粋を記載する。

スイスの製薬企業 F. Hoffmann-La Roche 社は、2008年3月、インドの製薬企業 Cipla 社の製品「Erlocip」による「タルセバ（または erlotinib）」のインド特許の侵害をデリー高等裁判所に申し立てた。タルセバは、上皮成長因子（EGF）が結合する細胞側の受容体 EGFR の働きを阻害する抗がん剤で、手術および標準化学療法後の非小細胞肺がん患者の延命薬として使われる。FDA はタルセバを2004年11月19日に承認しており、日本でも2007年10月19日に承認されている。一方、Cipla 社の Erlocip は、タルセバの特許付与後に生産されており、タルセバの3分の1の価格で販売されている。

Cipla 社は、タルセバ特許の有効性について応訴した。同社は、タルセバは、quinazoline〔イレッサ（Iressa：AstraZeneca 社の抗がん剤）の母核〕の単なる修正にすぎず、進歩性がないうえ、インド2005年特許法第3条 d 項によれば、発明でもなく、Roche 社の特許は無効であると主張した。

Roche 社は、これに対し、タルセバは新規化合物であり、プ

ラセボの潜在生存期間が4.7ヵ月であるのに対して、タルセバの潜在生存期間は6.7ヵ月であり、進歩性もあると主張した。

デリー高等裁判所（単独裁判官）は、「2005年インド特許法は進歩性の要件に加えて、第3条d項に基づく正確で特定的な特許性基準を設けている」「原告は進歩性について十分な証明をしておらず、被告による特許無効の主張に根拠がないわけではない」と判断した。

さらに同高等裁判所（単独裁判官）は、Cipla社のErlocipが、タルセバの3分の1の価格で販売されていることを重視し、「Cipla社に対する差し止めを認めれば、この医薬品へのアクセスを奪われた患者に与える損害は回復できず、公共の利益およびインド国民の生命の基本権利に関する憲法21条に反することになり、認めるべきではない」として、2008年3月19日に、差し止め請求を却下した。同裁判の控訴審（デリー高等裁判所大法廷）も、2009年4月24日、デリー高等裁判所（単独裁判官）の判断を認めた。

6-4
研究開発成果の顕在化動向

第5章の分析の結果明らかにされたように、インドの大手製薬企業は、1995年のTRIPS発効、2005年の物質特許導入を機に、研究開発投資を増額し、新薬開発に着手している。開発パイプラインが示すように、一部の大手企業のパイプラインには臨床開発後期にあたるフェーズⅡ、フェーズⅢの候補品もある。

インドの大手製薬企業の研究開発の努力は、すでに収益に結びついており、顕在化している。ここではインドの大手製薬企業の研究開発投資が、新薬の上市という形ではなく、他のルートを通じて各企業の収益増加、すなわちインド製薬産業の発展に貢献している3つのケースを示す。

1つ目は「新薬開発会社の設立」である。新薬開発に着手したいくつかのインドの大手製薬企業は、新薬開発事業を行う企業を分社化し、新薬開発会社を設立している。そのうちの一部はすでに売上げを上げ、利益を生み出している。2つ目は「ライセンスアウト（導出）」である。新薬開発に着手したいくつかのインドの大手製薬企業は、見込みのある候補品をライセンスアウトしている。一部のライセンスアウトでは、多額の一時金受理を生み出している。3つ目は、付加価値のついたジェネリック医薬品開発である。とりわけ多くのインドの大手製薬企業が力を入れているのが「ドラッグデリバリーシステム（DDS）」である。以下にこの3つのケースについて論じる。

新薬開発会社

インド製薬大手の1社であるSun Pharmaceutical社は2007年に新薬開発事業を分社化し、Sun Pharma Advanced Research Companyを設立した。新薬開発というリスクの高い事業を本体事業から切り離すことで、本体事業（Sun Pharmaceutical社）の業績をより健全にすることを目的とする。Sun Pharma Advanced Research Companyは研究開発の成果をすでに販売し、売上げのみならず利益も上げている（2010年第2四半期で売上高2億5970万ルピー、利益9500万ルピー）。新薬開発努力のキャッシュ化の一例といえよう。

Sun Pharmaceuticalと同様に新薬開発を分社化したインド企業には、Dr. Reddy's（新会社：Perlecan Pharma）やNicholas Piramal（新会社：Piramal Life Science）がある。

ライセンスアウト

　前述のように、新薬開発には長期間と膨大なコストがかかる。とりわけ臨床試験後期には多数の被験者を使った大掛かりな臨床試験が必要となり、膨大な資金が必要とされる。比較的規模の小さい製薬企業の場合、臨床試験前期までを社内で行い、その後にライセンスアウトし、臨床試験後期をライセンス先で行ってもらうという選択肢が使われる。インド製薬企業は、インド国内で最大手級であっても、メガファーマと比べると資金力が劣るため、ライセンスアウトは、選択肢の1つとなる。

　これまでにすでに新薬開発に着手したいくつかのインドの大手製薬企業は、見込みのある候補品をライセンスアウトしている。一部のライセンスアウトでは、多額の一時金受理を生み出している。ここでは2つの成功例を示す。

（1）Glenmark 社のケース

　Glenmark社は積極的にライセンスを行っており、それにより多くのキャッシュフローを得ている。同社は、2012年にmPGES-1阻害剤に関してForest Laboratories社（米国）と提携合意し、これまでにForest Laboratories社より、1500万ドルを受領した。Glenmark社は先にCOPD治療薬候補Oglemailastに関してForest Laboratories社および帝人ファーマと提携合意し、Forest Laboratories社から3500万ドル、帝人から600万ドルを受領している。

また、2006年には、糖尿病治療薬「Melogliptin」をMerck社（米国）にライセンスアウトし、前払い一時金として3100万USドルを得た。さらに、2007年には、疼痛医薬品候補を、Eli Lilly社（米国）へライセンスアウトし、前払い一時金4500万USドルを得ている。

(2) Dr. Reddy's 社のケース

Dr. Reddy's社は、インドの製薬企業の中で、ライセンスアウトのパイオニアである。

1997年に同社は、インドで初めて、自社開発した糖尿病薬候補DRF 2593（Balaglitazone）をデンマークのNovo Nordisk社にライセンスアウトした。

また2001年には、DRF4158をNovartis社にライセンスアウトすると発表した。このライセンス契約により、Dr. Reddy's社は前払い一時金5500万USドルを得た。

ドラッグデリバリーシステム（DDS）

インドの内資製薬企業は、付加価値のついたジェネリック医薬品開発に力を入れている。とりわけ多くのインドの大手製薬企業が力を入れているのがDDSである。インドではしばしばNDDSとよばれる。

TRIPS研究会が取りまとめた「インドにおける医薬品の知的財産保護」（渡辺，2009）によると、インドの製薬企業は、DDSの開発に総研究開発費の12%を投じているという。DDS研究開発はインドに限った傾向ではなく、世界中で活発に行われている。Kamal Dua (D.J.College of Pharmacy 講師)は、Pharmainfo.netに寄稿した記事「NDDS Scenario in India：

Vital Role of Pharma Professionals」の中で、「DDSは、徐放性、噛み砕き等による薬物の過量放出(dose dumping)の低減、投与回数の低減、副作用の最小化など数多くのベネフィットを医師のみならず患者にももたらす」とDDSのベネフィットを説明している(Dua, 2007)。

薬業関連のウェブサイトであるPharmabiz.com (Nov.21, 2010)に掲載された"NDDS：New lease of life to an old molecule"(2004年2月26日投稿)によると、多くのインド製薬企業がNDDSの研究開発に携わっているという。同記事はNDDSの研究開発を行っている具体的な企業名として、Cipla、Ranbaxy、Wockhardt、Sun Pharmaceutical、JB Chemicals、Ajanta Pharmaを挙げている。株式会社日本総合研究所が取りまとめた、経済産業省委託調査「平成16年度アジア産業基盤強化等事業(日印経済関係深化のための分野別研究調査)報告書」(平成17年2月発行)は、新規DDSの開発に取り組んでいるインド企業として、Ranbaxy、Cipla、Lupinを挙げている(日本総合研究所, 2005)。

さらに、インド内資製薬企業は、DDS技術をもつ海外の製薬企業などと積極的に提携を結んでいる。

Dr. Reddy'sは、米国のAegis Therapeutics社との間で、Aegis Therapeutics社が開発中の鼻粘膜経由のDDS技術の供与で提携した。同提携合意により、Dr. Reddy'sは、Aegis Therapeutics社の技術を使ってDDS製剤の開発を進めることができる。Dr. Reddy'sは、さらに、英国のDDS企業であるSkyePharma社と提携合意した。Dr. Reddy's社は今後SkyePharma社のもつDDS技術も使ってDDS製剤の開発を進めることができる。Dr. Reddy'sは加えて、イスラエルの

SoluBest社と、同社が独自に開発した薬剤送達プラットフォームであるSolumer Platformで提携合意した。同提携合意により、Dr. Reddy's は、Solumer Platformを基盤としたDDS技術の臨床開発、規制当局の承認プロセス、製造、販売を担う。

インド発の新規医薬品はまだ上市に至っていないが、研究開発努力の成果として、DDS製品はすでに開発され、市場に多く出回っており、そこから生まれた販売利益は、インドの内資製薬企業の収益の一部として、インド製薬企業の業績向上に貢献している。

6-5 作業仮説の検証

第5章において、第4章で立てた作業仮説「インド政府が2005年改正特許法に挿入した特殊な条項(第3条d項)、ならびに、1995年のTRIPS発効および2005年の物質特許導入を機に、インドの製薬産業がビジネスモデルをジェネリック医薬品専業からジェネリック医薬品も先発品も扱う統合的なビジネスに変貌させるという、いわば自助努力を払ったことの双方が、奏功し、良い効果を生んだことで、途上国に物質特許が導入されると、通常、当該途上国に与える負の影響を、軽減させる機能をもった」を証明するために、一連のデータ解析を行った。

第6章では、第5章のデータ解析を補完するため、インド現地で行った、製薬業界、団体などの関係者に対する一連のインタビュー結果を分析した。インタビュー調査結果から、2005

年インド改正特許法に盛り込まれた「第3条d項」が、インドの市場を外資系から保護する目的で、インド政府により意図的に導入されたものであることが明らかになった。

　つまり、インド政府は、「外資系製薬企業の参入を抑えることで、(1) インド国民が購入可能な安価な医薬品へのアクセスを確保する、(2) インドの内資製薬企業の、ジェネリック医薬品産業を保護する、(3) (外資系製薬企業のインド市場への参入を阻むことで) インドの大手製薬企業が進めている、付加価値をつけたスーパージェネリック医薬品や新規医薬品開発の努力のための時間を確保する」ことを目的に、第3条d項をインド2005年特許法改正に導入した。

　これらの論拠を以下に述べる。

　(1) については、タルセバをめぐるRoche社とCipla社の係争にかかるデリー裁判所の判断から明らかである。デリー裁判所は、公共の利益（医薬品へのアクセス）を理由に、Roche社の差し止め請求を退けた。

　(2) については、第5章の「5.7 貿易統計の分析：医薬品の輸出入の動向」における分析から、外資系製薬企業の医薬品のインド市場への急激な導入も、インド内資製薬企業の製品輸出の削減も起きていない事実が示された。その一方、6.2におけるIDMAのインタビューから、第3条d項が、インドのジェネリック医薬品メーカーを守るために意図的に挿入されたことが示された。

　(3) については、第5章「5.5 パイプライン分析」から、インドの大手製薬企業が、1995年のTRIPS発効、2005年の物質特許導入を機に、研究開発投資を増やし、研究開発を進めていること、その成果として開発パイプラインが増強されており、

一部インド製薬企業はすでに臨床試験後期のフェーズIIあるいはフェーズIII試験を進めていることが示された。2012年には、第一三共の子会社であったランバクシーがインド発のはじめての新薬「Synriam」を発売すると発表した。インド発の新薬はこの他にはまだ無い。インドの内資製薬企業の外資系製薬企業の参入に対する抵抗力はまだ十分ではなく、新薬開発には時間の猶予が必要であると思われる。CSIRのインタビューから、インド政府が、インド製薬企業に時間的猶予を与えるために第3条d項を導入したことが示された。

6-6
第3条d項の役割についての考察

1995年のTRIPS協定の発効を受けて、インド政府はTRIPS協定が定めた期限である2005年1月に、自国の特許法をTRIPS協定準拠の法体制にすべく、改正し、製薬分野などに物質特許を導入した。先行研究からは、途上国に特許法が導入されると、当該国の産業発展の勢いがそがれる可能性のあることが指摘されている。

実際、1995年のTRIPSの合意を受けて、途上国であるインドに対し2005年までに物質特許の導入が義務づけられると、多様なステイクホルダーから、物質特許の導入はインドの製薬産業に負の影響を与えるとの懸念の声が沸き起こった。

これらの懸念の声を鑑み、インド政府は、2005年改正特許法に特殊な条項（第3条d項）を挿入して、懸念が表明され

第 6 章 物質特許導入後の特許法実施状況の分析

たこの負の影響を軽減しようと試みた（6.2 CSIR とのインタビューを参照）。また、インド製薬業界も、自国の製薬産業へ負の影響が予想されたため、各社のビジネスモデルの転換を図った。

　本書の研究では、第 4 章に記したように、以下の作業仮説を立てた。以下に作業仮説を再掲する。
「インド政府が 2005 年改正特許法に挿入した特殊な条項（第 3 条 d 項）、ならびに、1995 年の TRIPS 発効および 2005 年の物質特許導入を機に、インドの製薬産業がビジネスモデルを、リバースエンジニアリングをベースとしたジェネリック医薬品専業から、ジェネリック医薬品も先発品も扱う統合的なビジネスに変貌させるという、いわば自助努力を払ったことの双方が奏功し、良い効果を生んだことで、途上国に物質特許が導入されると、通常、当該途上国に与える負の影響を、軽減させる機能がもたらされた」。

　この作業仮説を検証するために、まず、インド製薬企業の財務諸表などから売上高・利益のデータを分析したところ、インドの製薬企業が物質特許導入の後も負の影響を受けずに成長を続けていることが示された。しかしこれをもって、途上国であるインドの製薬企業が物質特許導入の後も順調に業績を伸ばし、成長を続けている原因が、2005 年改正特許法への特殊な条項（第 3 条 d 項）の導入にあるとは断定できない。他の要因の存在も十分にありうるからである。

　そこで、次に、この作業仮説を検証するために、インドで当該課題に関連するステイクホルダーに一連のインタビュー調査を行った。取材相手には、製薬産業団体、製薬企業、政府関係者、弁護士、公的研究所の研究者などが含まれた。これら一連のイ

ンタビューの結果、(1) 第3条d項は、インド政府が、インドの製薬市場を外資系製薬企業から守るために意図的に導入したものであり、(2) それにより、インドのジェネリック医薬品メーカーが、外資系製薬企業に市場を奪われずにジェネリック医薬品を売り続けるという恩恵を受けており、(3)(外資系製薬企業がインド市場への参入を果たせないでいる間)いわば、猶予時間を与えられたインドの大手製薬企業は、その時間を使って新薬開発を着々と進めているという構造が判明したのである。

一方、第5章の指標分析から、インドの内資製薬企業が、1995年のTRIPS合意を契機に、研究開発投資を増額させて、付加価値を加えたスーパージェネリック医薬品の開発や、新規化合物をベースとした新薬開発に着手し、その成果として、特許申請数を増加させ、新薬開発パイプラインを充実させている事実が示された。すなわち、インドの内資製薬企業は、インド政府に、IDMAやIPAなどの業界団体を通じて、2005年特許法にセーフガード条項である「第3条d項」を導入させるよう働きかけ、いわばロビイングの努力をする一方、自社の研究開発投資額を増額し、スーパージェネリック医薬品や新規化合物の開発に着手し、新規医薬品開発のパイプラインを増強するという自助努力もしていた。

したがって、インド製薬企業が、リバースエンジニアリングをベースとしたジェネリック医薬品専業モデルから、ジェネリックも先発品も扱う統合的なビジネスモデルへと転換したことも、インド製薬産業が2005年の物質特許導入という大きな試練を乗り越えて、成長を続けている大きな要因であると考える。

以上を総合的に考察すると、2005年改正特許法に第3条d

項を盛り込むというインド政府の政策と、1995年のTRIPS合意と2005年の物質特許導入を機に、研究開発投資を増額させ、付加価値のついたスーパージェネリック医薬品や新規化合物開発にビジネスモデルの転換を果たしたインドの製薬業界の自助努力の双方が相まって、相乗効果を生み、その結果として、インドの製薬産業は、2005年の物質特許導入後も成長を続けていると考えられるのである。

　すなわち作業仮説がこれにより証明された。

第7章

「第3条d項」応用の可能性

第7章では、これまで分析を行ってきた
第3条d項の応用可能性について検討する。
まずはじめに、インドでは成功裏に適用されている
第3条d項が、果たしてほかの途上国へ応用可能であるかを検討する。
次に、これまで分析を行ってきた製薬産業以外の、
ほかの産業へ応用の可能性を検討する。
インドには、製薬産業のほかにも成功裏に成長を遂げている産業がある。
製薬産業で成功を収めた第3条d項が果たしてほかの、
成長を続けている分野に適用が可能であるかを検討する。

7-1
他の途上国への応用の可能性の分析

「1.2 TRIPS協定合意および物質特許導入の背景」で論じたように、TRIPS協定発効を受けて、TRIPS協定に加盟している途上国にも物質特許導入が義務づけられることとなった（岩田，2008c）。本書の研究成果は、国際条約の規定に基づき、物質特許導入を迫られている途上国にとって、途上国の状況に合った特許制度の枠組み構築に応用・発展が可能であり、大きな意義があると考える。

しかし、本研究が対象とした、「製薬産業のビジネスモデルの変容―ジェネリック医薬品専業から、先発品も扱う統合型ビジネスへの業態の変更―」および、「第3条d項（様）条項の自国特許法への挿入」は、物質特許導入を控えるすべての途上国に対して奏功するものではない。「統合型ビジネスへの転向」、すなわち、先発品も扱う＝新薬開発を行うには、高度な製薬関連技術の保有が不可欠である（山根，2008）。また、「第3条d項（様）の条項の挿入」が自国の産業を守るためには、ある一定規模の製薬産業を当該国が保有していなければならない。

ではいったいどのような国が、その対象となるのだろうか。

いくつかのアフリカ諸国はすでに物質特許を導入しているが、その際、物質特許導入による負の影響があった、あるいは当該国以外の国への影響があったといった報告はない。これらの国々には、そもそも製薬産業が存在しなかった。

インドにおいて、2005年の物質特許の導入が国際世論で大

きな問題となったのは、インドに物質特許が導入された2005年までに、(1) インドが世界第4位の製薬生産国となっていたこと (TATA 2008)、(2) インドの製薬企業が、インド国内ばかりでなく、海外にも多くの医薬品（海外で特許保護下にある医薬品をリバースエンジニアリングを使って製造した、いわば模造品）を輸出していたこと(三森 2010)、(3) インドの技術力が高水準に達していたこと（日本製薬工業協会2009）、(4) とりわけ貧民層が多いアフリカ向けのエイズ薬の80%をインドが供給していたこと（三森 2010）――などの要因があったからである。

したがって、本研究が指摘した、インド政府による2005年特許法改正への第3条d項の挿入、および、インド製薬企業のビジネスモデルの変化が、物質特許導入による、負の影響削減効果を示すには、(1) 当該国がある程度のレベルの製薬技術力をもっていること、(2) ある一定規模の製薬産業があること、(3) 新薬開発に近いレベルの技術力をもっていること――などが条件となる。

では、インド以外にこの3つの条件をクリアできるのはどの国であろうか。

山根（2008）によると、1986年に世界銀行は、「技術革新などの見地から途上国に効率的な医薬品産業を発展させることは困難」との報告書をまとめたが、その際に例外国として韓国やエジプトを挙げた。

医薬品・ヘルスケア業界にマーケット情報を提供する、IMSヘルス社は、2006年に7カ国（中国、ブラジル、メキシコ、インド、ロシア、韓国、トルコ）を「医薬品新興国市場」に指定した。同社は、新興国の急速な発展を背景に、2010年3月

に新興国の分類を見直し、第1フェーズ（2013年までに医薬品年間売上が400億USドル増加する見込み）、第2フェーズ（2013年までに50億USドル～150億USドル増加する見込み）、第3フェーズ（2013年までに10億USドル～50億USドル増加する見込み）の3つのグループに分類した（IMS Health, 2010）。

第1フェーズには中国のみ、第2フェーズには、ブラジル、ロシア、インドの3ヵ国、第3フェーズには、ベネズエラ、ポーランド、アルゼンチン、トルコ、メキシコ、ベトナム、南アフリカ、タイ、インドネシア、ルーマニア、エジプト、パキスタン、ウクライナの13ヵ国を選んだ。

上記のように、第3条d項の、物質特許導入の負の影響回避に果たす役割を論じるにあたっては、（1）一定以上の医薬品関連技術力の保有、（2）一定規模の医薬品市場があること、（3）新薬開発に近いレベルの技術力の保有—が前提となる。その観点からいえば、これらのIMSヘルス社が定義した17ヵ国の「新興国」は、少なくとも条件（2）「一定規模の医薬品市場があること」はクリアする可能性があると考えられる。しかしながら、（1）の「高い技術力」、（3）の「新薬開発に近い技術力の保有」の条件をクリアする新興国は少ないといわざるをえない。（山根, 2008）

これらの新興国は、果たしてインドが2005年改正特許法に導入した第3条d項様の条項を保有するのだろうか。あるいは、第3条d項様のものが自国の特許法に導入されたとしたら、それはインドで果たしたのと同様の、負の影響削減効果を生むのであろうか。

上述のように、第3条d項はインドが独自に取り入れた条項

であり、2005年当時他の国には存在しなかった。2007年8月13日付のインドの「The Economic Times」紙は、マドラス高等裁判所の2007年8月6日の判決を受けて、「モルジブ、パキスタン、スリランカ、ベトナム、インドネシア、マレーシア、バングラデシュが、インドの第3条d項を自国に取り入れるべく動きだした」と伝えている（Prasad, 2007）。

　一部の新興国は、自国の製薬産業を、外資系製薬企業から守るいわば「セーフガード」の仕組みを取り入れることを考慮しているが、実際に第3条d項（様の条項）を自国に取り入れた国は今のところあまりない（注：後述のように、フィリピンが第3条d項様の条項を自国の特許法に取り入れたとの情報がある）。ここでは世界第11位の医薬品市場をもち、自国の特許法に特殊な条項を含むブラジルを取り上げる。

ブラジルのセーフガード手法：特許リンケージと強制実施権

　Sawhney（2007）によると、ブラジルの製薬市場は、世界第11位の大きな市場である（表2-2を参照）。

　山根（2008）によると、ブラジルは1945年に特許法を改正し、医薬品・食品・農薬を物質特許保護の対象から外した。さらに1969年には医薬品の製造方法についても特許保護を廃止したことによって、医薬品に関してはあらゆる模倣が可能になった。このように、ブラジル政府が医薬品の特許保護を廃止し、多国籍企業を不利に、国内産業を有利な立場に置いたにもかかわらず、ブラジルの医薬品産業は伸びるどころか他の国との原薬や中間体市場での競争に敗れてしまった。

　ブラジルはTRIPSの一連の会議で、途上国の立場を代表する役割を果たしてきた。TRIPSの会議では一貫して米国主導

の会議運営に反対の立場をとり、1995年のTRIPS発効の後も強硬な態度をとり続けた。その一方、TRIPS協定が発効した1995年の翌年となる1996年に自国の特許を改正し、TRIPS準拠の特許法を導入している。しかしながら、ブラジルは、2つの手段を使って特許の運用を制限している。1つは特許リンケージであり、他の1つは強制実施権である。

(1) 特許リンケージ

WTO発効を受けてブラジルは特許法を改正し、物質特許を導入したが、ブラジルの特許法には第3条d項にあたるものはない。その代わり、ブラジル政府は、特許法と、規制当局による販売承認をリンケージすることで、特許付与のハードルを高めている（「『国際知財制度研究会』報告書（平成23年度）」より）。

具体的には、ブラジル産業財産権法229C条の規定により、ブラジルでは特許審査にあたり、国家衛生監督庁（ANVISA）の承認を必要とする。

"The concession of patents for pharmaceutical products and processes will depend on the prior approval of ANVISA."（三森訳）「医薬用の製品及び方法に関する特許の付与は、国家衛生監督庁（National Sanitary Supervision Agency (ANVISA)）の事前の同意を必要とする」。

ANVISAは、健康省と関係が深い連邦政府機関で衛生監視を行うために設立された。衛生監視とは、健康に害のある製品の流通を防止することにより、病気などが拡散することを防ぐための調査審査活動とされている。ブラジル特許庁の審査では新規制、進歩性、産業上の利用可能性が認められ、登録査定と

なったが、ANVISAの審査により拒絶査定となった例も報告されている。(「『国際知財制度研究会』報告書(平成23年度)」より)

「2.2特許の観点からみた製薬産業の特殊性」で述べたように、通常、特許出願は、新薬開発の初期に行われ、その一方、承認申請は、一連の臨床試験が終了し、すべてのデータがそろってから行うものなので、特許出願と、承認申請の間には時間的なギャップがある。そのため、特許付与と、販売承認がリンクされると、特許付与が遅れる可能性がある(治験ナビウェブサイトより一部改変)。

山根(2008)も、ブラジル特許庁が特許を認めても、ANVISAが認可しない特許がかなりあると指摘している。

(2) 強制実施権

TRIPS協定の例外規則では、一定の条件の下で国家が強制実施権を行使して、特許権者の許諾を得ることなく製品を国内に流通させることが認められている。ただし前提として、特許権者に相応の補償を行うことが義務づけられており、また、外国市場への輸出は原則として禁止されていた。しかし、2001年にカタールのドーハで開催された第4回WTO閣僚会議において、「TRIPS協定と公衆保健に関するドーハ宣言」が採択された(DOHA WTO MINISTERIAL 2001)。これにより、WTO加盟国が、国民の健康を守るための措置として強制実施権を発動することの自由が確認された。さらに2003年には、WTOでの合意により、緊急に治療薬が必要である場合に、厳しい条件付きで治療薬の製造能力のない貧困国に限っては、強制実施権を発動して製造されたジェネリック医療品の輸出が認

められることになった（丸山，2004）。

ブラジルでは、2007年にHIV・AIDS治療薬Efavirenzに対して、特許を保有する米Merck社との価格交渉が決裂した後、強制実施権（特許権者の許諾を得なくても医薬品などの特許発明を使用する権利を第三者に認めること）を発令した（Bond et al., 2012）。

強制実施権はTRIPSで認められていることもあり、他の途上国も強制実施権制度を利用している。タイは2006年から2007年にかけて米Merck社のHIV・AIDS治療薬「Efavirenz」、米Abbott社のHIV・AIDS治療薬「Kaletra」、米Bristol-Myers Squibb社の抗血栓薬「Plavix」に対して強制実施権を設定した。とりわけそれまではHIV・AIDS薬に限られていた強制実施権が心疾患治療薬に設定されたとして大きな国際的な論議をよんだ。（ライブドアニュース2007年）

しかし山根（2008）は、ブラジルを含む途上国は、強制実施権を、むしろ、多国籍企業との医薬品の価格交渉に利用していると指摘している。

（3）ブラジルにおける第3条d項の応用の可能性

上記（1）、（2）で論じたように、ブラジルは自国の製薬産業を守るセーフガードとして、特許リンケージおよび強制実施権を導入し利用している。

ブラジルの市場は、Sawhney（2007）によれば世界第11位の市場であり、世界で大きな存在感をもち、さらにIMSヘルス社（IMS Health, 2010）によれば今後急速な拡大が見込まれるという。

しかし、ブラジルの製薬産業は一定規模の医薬品市場をもつ

という条件は満たすものの、その製薬の技術力はインドほど高度なレベルには達してはいない（市川，2005）。したがって、インドの第3条d項様の条項をブラジルが取り入れたとしても、インドが経験したような物質特許による負の効果の削減効果は期待できないといえよう。

しかしながら、IMSヘルス社が報告しているように、新興国の技術力は急速に上がっており、今後インド以外の新興国の製薬産業が急速に発展を遂げ、それにより、インドの2005年特許法に盛り込まれた第3条d項様の条項が、当該国において、物質特許導入による負の影響を緩和する機能をもつ可能性がまったくないとはいえない。前述の「The Economic Times」紙によると、フィリピンはすでに自国の特許法を改正し3（d）様の条項を自国の特許法に取り入れたという。

7-2 他の産業への応用の可能性の分析

第5章における各種データの解析、ならびに、第6章における一連のインタビューの質的および量的分析の結果、インド2005年特許法改正に挿入された第3条d項は、インド政府が意図したように、インドの製薬産業を外資系製薬企業から守り、インド製薬産業の継続的な発展を支援するのに奏功したことが示された。

それでは、この第3条d項は、製薬産業以外の他の産業に関しても、負の影響を抑える効果をもつのだろうか。

「2.2 特許の観点からみた製薬産業の特殊性」で論じたように、特許の産業に与える影響は、産業ごとに大きく異なる。2.2で示したIT産業では、そこで論じたように、数多くの特許を用いて、クロスライセンスを行い、（製薬産業などに比べて）比較的短期間で製品が開発される（秋元, 2009a）。このような、数多くの特許を用いて短期間に製品化が起こるような産業においては、第3条d項が製薬産業において示した効果を望むことはできない。

　すなわち、インドの製薬産業に対して、インド特許法2005年改正に盛り込まれた「第3条d項」は、(1) 国内市場にある一定期間保護を与える、(2) その期間に、今後発展の可能性をもつ新規技術・製品を開発する、(3) 国民が自国で開発された製品を購入する——という役割を果たした。必要とされる特許の数が比較的少なく、開発期間が長期に及ぶ製薬産業においてだからこそ、第3条d項のモデルは機能を果たしたといえる。したがって、製薬産業と、いわば対比する特徴をもつIT産業には第3条d項の効果は期待できない。

　ではどのような産業において、第3条d項は、製薬企業に与えたと同様の効果を示すのか。その候補の1つとなるのが、バイオテクノロジー分野である。

　インドにおいて、バイオテクノロジー産業は比較的新しい分野であり、バイオテクノロジー特許は、2000年初頭までほとんど皆無であった。ところが近年インド政府がバイオテクノロジー研究に力を入れていることもあり、特許申請数が急増している（表7-1）（インド特許庁ウェブサイトdより）。

　また、野地（2006）によれば、2005年‐2006年のインドのバイオテクノロジー市場は650億ルピー（1600億円）で、

表7-1 バイオテクノロジー特許（申請数および付与数）

バイオテクノロジー特許		
年	申請数	付与数
1997		
1998	3	
1999	9	
2000	4	
2001	2	
2002	46	
2003	23	
2004	1214	71
2005	1525	51
2006	2774	89
2007	1950	314

出典:インド特許庁年次報告書1997年〜2007年

2003年以降の年成長率は40％弱を達成しているという。外資系企業がインド市場へ参入しているものの、インド内資本企業であるSerum Institute of IndiaやBiocon社などの地場企業が比較的大きな市場占有率をもっている（増田，2009）。

実際のところ、バイオテクノロジー市場は、製薬（生物医薬品）、サービス、農業、工業、バイオインフォマティクスの5分野からなっており、医薬品市場と一部オーバーラップする。

バイオテクノロジー市場は、1つの物質特許が製品に与える影響が大きいこと、製品開発までに比較的長期間かかること、さらに、（生物医薬品については）規制当局からの認可が必要であることなど、製薬産業と類似した市場の特徴をもつ。これらから、インド特許法2005年改正に盛り込まれた第3条d項（様の条項）が、（仮定として）もしバイオテクノロジー分野に導入されることがあったとしたら、外資系企業から内資産業を守るセーフガードの役割を果たした可能性があったことは否めない。

7-3
地域・産業特性と第3条d項のもつ可能性

　第7章では、第3条d項の他の途上国・新興国への応用、他の産業への応用の可能性について論じた。

　第3条d項の他の途上国への応用の可能性としては製薬産業の発展が著しい新興国ブラジルを取り上げた。IMSデータが示すように、ブラジルの製薬市場はここ数年、急速に発展を遂げており、今後も力強い発展が予想される。一方、技術力という側面では、ブラジルの製薬産業はインドの製薬産業に遠く及ばず、技術力の製薬産業への重要性を鑑みると、ブラジルへの応用は必ずしも的を得たものとはいえない。しかしながら、IMS World Review Executive が指摘しているように、ブラジルの製薬産業は急速に発展を遂げており、将来的に技術的にも大きな飛躍がある可能性も否定できない。

　第3条d項の他の産業への応用可能性についてはバイオテクノロジーを取り上げた。バイオテクノロジーは比較的新しい分野であるが、一部の製薬企業、そのほかの企業が参入し急速に発展を遂げている。その成果として特許申請数も急速に伸びている。また、海外の大手企業とのアライアンス、コラボレーションも急速に進んでいる分野でもある。今後これまでの成長が着実に継続されるならば、第3条d項の応用分野として大いに可能性をもつ分野であると思われる。

第 8 章

結論および
今後の課題

インド 2005 年特許法に導入された第 3 条 d 項は、
WTO・TRIPS に従い、これから物質特許を導入する
途上国・新興国に 1 つの成功モデルを提示したといえよう。
しかしながらインドモデルが成功裏に働くためには、
高度な製薬関連技術と一定規模の製薬産業の保有が必須であり、
インドモデルがすべての途上国・新興国に当てはまるわけではない。
終章では第 1 章から第 7 章までの議論を振り返り、
今後の課題をさぐる。

8-1
各章のまとめ

　第1章ではまず本書の研究の背景を提示した。途上国における特許法のデザインをテーマに選んだ趣旨、さらに、世界第4位の製薬製造能力をもった後で物質特許が導入されたインドを、特許法改正の産業への影響を研究する事例として選択した理由を説明した。

　第2節ではインド製薬産業の動向およびインド政府の特許政策を説明した。TRIPS合意により、インドが物質特許を導入せざるをえなくなった経緯を説明し、それをきっかけとして、インドの内資製薬企業がビジネスモデルを転換し、リバースエンジニアリングをベースとしたジェネリック医薬品専業から、新薬開発に着手し、ジェネリックも先発品も扱う統合的なビジネスに転換したことを説明した。さらに、インドへの物質特許導入が義務づけられたことで、予想されるインドへの特許導入の影響をめぐり世界中を巻き込んで議論が沸き起こったことを述べた。これを基に、2つの研究課題を示した。すなわち、(1)インド政府が国内の産業を保護するため、2005年改正特許法に導入した第3条d項が、インド政府が意図したように外資系製薬企業からインド内資製薬企業を守る機能を有しているのかと、(2)インド内資製薬企業においては、物質特許導入に対処する目的で行ったビジネスモデルの転換が功を奏し、物質特許導入による負の影響を回避して成長を続けたのだろうかである。

第8章 結論および今後の課題

　第3節では本研究の目的と意義を明らかにした。本書の目的は、インド2005年改正特許法に盛り込まれた第3条d項が、先行研究で示されている物質特許導入による負の影響を軽減したのか否かを明らかにすることである。本書における検討は、他の途上国が、物質特許を導入する際、当該国の状況を踏まえた適切な枠組みを構築するにあたり有意義なものと考える。

　第2章では、インドの医薬品産業およびインドの特許法の変遷と現状を説明した。インドの医薬品市場は世界の医薬品市場の中で1～1.4％を占めるにすぎないが、急速に発展を遂げていること、技術力は高いが、医薬品価格は世界で最も安いレベルにあること、ジェネリック医薬品市場でありながら、付加価値をつけ加えたブランデッドジェネリック医薬品市場であること、感染症など急性疾患医薬品が大多数を占める典型的な途上国型市場でありながら、近年は生活習慣病などの慢性疾患薬のシェアが増えていることなどを説明した。さらに、2005年改正特許法に盛り込まれた、特許性を厳しく制限する特殊な条項（第3条d項）について説明した。

　第3章では、研究内容および研究方法を示した。まず本書の仮説「インド政府の2005年改正特許法の特殊な条項（第3条d項）の導入が、途上国に物質特許が導入されると、通常、当該途上国に与える負の影響を、軽減させる機能をもった」を提示し、研究のフレームワークを示した。

　第4章では、先行研究を分析した。TRIPS発効を受けて、インドを含む途上国への物質特許導入が義務化されると、大きな議論をよび、多くの研究が行われ発表された。先行研究を、「途上国と特許法」「特許法改正の影響」「インド2005年特許法第3条d項の分析」「インド製薬産業のビジネスモデルの変化」

の4分野に分類し、これらを分析した。一連の先行研究の分析から、インドを含む途上国に物質特許が導入されると、当該の途上国は厚生損失などの負の影響を受ける可能性があることが示唆された。その一方、インドの大手製薬企業は、TRIPS発効、物質特許導入を機に、研究開発投資を増加させ、新薬開発に着手していることが示唆された。またインド政府が、2005年特許法改正に挿入した第3条d項には語句のあいまいさなどの問題があることが示された。しかし物質特許が導入されたのは2005年であり、物質特許導入の影響あるいは第3条d項の影響を分析した論文はあまりない。

第5章では、インド製薬産業の指標分析の結果を示した。第1節でデータ分析の手法を示し、第2節以降、インド製薬企業の株価の分析、インド製薬企業の業績分析（売上高、利益の推移）、インド製薬企業の研究開発投資の推移、パイプラインの分析、特許申請動向の分析、貿易統計の分析（医薬品の輸出入の動向）の6つの指標を使った分析の結果を示した。

さらに各種の2次データを基にビジネスモデルの転換の分析を試みた。インド大手製薬企業のアニュアルレポート、現地メディアの報道、研究体制の増強、会社組織の改変と、ビジネスモデルの転換の関連性を検証した。

その結果、アニュアルレポートからは、インドの大手製薬企業が、1995年のTRIPS発効、2005年の物質特許導入を機に、研究開発あるいはイノベーションをベースとした企業への転身を指向するようになり、ビジネスモデルを転換し、新薬開発に注力するようになったことが示された。

現地メディアの報道にも、インドの特許法改正により、「インド製薬企業は（もはや）外資系製薬企業の特許を無視して、

第8章　結論および今後の課題

ライセンス料を支払わずにジェネリック医薬品を製造することができなくなるため、自社先発品を開発しようとしている」ことが明記されていることが示された。

　研究体制の分析では、インドの大手製薬企業の一部が自社の研究所を設立して新薬開発に着手していることが示された。

　会社組織体制の分析では、いくつかのインド大手製薬企業が、新薬開発活動に注力するため、またその一方で、新薬開発リスクを本体事業から切り離すために、新薬開発を行う会社を分社化していることが示された。

　第6章では、第5章のデータ分析を受けて、これを補完するために行った現地での一連のインタビュー調査の結果を分析し、さらに2005年特許法改正に含まれた第3条d項に基づいた特許審査の拒絶査定、それに続く訴訟について分析を行った。第1節で、インド2005年改正特許法第3条d項の、物質特許導入による負の影響の軽減効果を検証するため、現地で行った各種のステイクホルダーとの一連のインタビューの概要を説明し、第2節で、これら一連のインタビュー結果を示した。インドの中小製薬企業の団体であるIDMAとのインタビューで、第3条d項が、IDMAとインド政府の協業下で策定されたこと、つまり、インド政府が意図をもって導入したものであること、さらに、第3条d項が、瑣末な向上に特許を与えないことで、インドの内資ジェネリック医薬品メーカーを保護する役割を果たしていることが示された。

　また外資系製薬企業の団体であるOPPIとのインタビューで、外資系製薬企業は、第3条d項に対して懸念をもっており、インド政府が第3条d項を廃止することを願っていることが明らかになった。

さらに第4節で、第3条d項に基づく、特許審査拒絶のケースを示した。スイスのNovartis社のグリベックに対するインド特許庁の拒絶査定とそれに関する訴訟、および、スイスのRoche社と、インド内資製薬企業であるCipla社との間のタルセバをめぐる訴訟について説明し、グリベックの件では、第3条d項を基にインド政府が世界の多くの国で認められている特許を拒絶している実態を示した。さらに、タルセバをめぐる訴訟については、第3条d項を根拠に、一部のインド内資製薬企業が、特許保護の下にあるブランド医薬品のジェネリック医薬品バージョンの製造を開始し、インドの裁判所が、(少なくとも裁判所の最終的な判定が下るまで)それを認めた実態を示した。

　第7章では、インド特許2005年改正法第3条d項の役割について考察した。

　第1節では、第3条d項の他の途上国への応用の可能性を分析した。世界第11位の市場規模をもつブラジルを例に取り上げ、ブラジルが、特許リンケージと、強制実施権の2つのセーフガード手法を使って特許の運用を制限していることを示した。しかしながらブラジルの製薬の技術力はインドほど高くなく、インド政府が2005年特許法改正に導入した第3条d項が物質特許の負の効果を削減する効果を果たしたのと同様の効果が、ブラジルに第3条d項様のものが導入されたからといって観察されることは期待できないと結論づけた。

　第2節では、第3条d項の製薬産業以外の産業分野への応用の可能性を論じた。まず2.2で示したIT産業と製薬産業の違いを再確認し、製薬産業とは異なる市場の特徴をもつIT産業への第3条d項の応用は困難であることを論じた。

第 8 章　結論および今後の課題

　次にインドで比較的新しい産業分野であるバイオテクノロジー産業を取り上げ、現在のところ、インドにおけるバイオテクノロジー市場規模は小さいが急成長を遂げている市場であり、加えて（1）1つの物質特許が製品開発にとって大きな影響を与えること、（2）製品開発までにかかる期間が比較的長期にわたること、（3）生物医薬品分野については規制当局から認可を得る必要があること—について言及し、（仮定として）第3条d項（様の条項）がバイオテクノロジー産業分野に取り込まれたとしたら、外資系企業から、内資本企業を守るセーフガードの役割を果たした可能性があることが否めないと結論づけた。

8-2 総括

　インドの製薬産業が、2005年の物質特許導入による負の影響を受けることなく成長を続けている要因を分析したところ、第5章、第6章の2段階の検証により、製薬産業がビジネスを「ジェネリック医薬品専業」から、「ジェネリック医薬品もブランド医薬品も扱う統合的ビジネス」へと変更したことと、インド政府による第3条d項の導入政策が、相乗効果を起こして、製薬業界の発展が導かれたことが明らかになった。この第5章、第6章の2段階の検証によって、第4章（4.5）で立てた作業仮説が証明された。これにより、第3章（3.1）で立てた本研究の仮説「インド政府が2005年改正特許法に挿入した特殊な条項（第3条d項）が、途上国に物質特許が導入されると、通常、

当該途上国に与える負の影響を、軽減させる機能をもった」の立証に至った。

　1995年のTRIPS協定合意により、WTO加盟国は先進国・途上国を問わず、物質特許の導入を義務づけられた。特許法に特殊な条項（第3条d項）を挿入することで、特許性を狭くし、そのことにより、物質特許を含むTRIPS準拠の特許制度を自国に導入しながら、自国の産業の発展を守る、ということに成功したインドにおけるモデルは、これから物質特許を導入する他の途上国に、1つの成功モデルを提示したと考える。とりわけ、インドにおいて取り入れられた政府と産業界との役割分担—政府はインドの製薬産業を守るために第3条d項を自国の特許法に挿入し、産業界は、ビジネスの継続的な発展を維持するためにビジネスモデルを転換させる—は、政府が産業政策をデザインするにあたっての1つの成功モデルを提示したと考える。

　しかしながら、第7章で論じたように、このインドモデルがすべての途上国に適用できるものではない。「統合型ビジネスへの転向」、すなわち、先発品も扱う＝新薬開発を行うには、高度な製薬関連技術の保有が不可欠である。また、「第3条d項（様）の条項の挿入」が自国の産業を守るためには、ある一定規模の製薬産業を当該国が保有していなければならない。これらの条件をクリアした途上国にはインドモデルが当てはまる可能性がある。

　本研究で分析を試みたブラジルは、大きな医薬品市場をもっているものの、これまでのところ新薬開発が着々と進み上市が近い新薬候補品があるというほどの技術力は有しておらず、今現在、インドモデルをそのまま当てはめることが、負のインパ

クト効果を削減するとは思われない。しかし、IMSヘルス社や他の市場分析企業・団体が報告しているように、新興国における製薬産業の発展は目覚ましく、新興国は今日のインドに匹敵する高い技術力を獲得する可能性を十分秘めている。新興国が十分な技術力を保有した暁には、本研究が示唆したように、インド特許法改正に盛り込まれた第3条d項様の条項が、負の影響を回避するために機能する可能性があるといえよう。

　また、第3条d項の他の産業分野への応用の可能性として、バイオテクノロジー分野が有力であることを示した。バイオテクノロジーは急速に発展を遂げている分野であり、インドではインドの内資企業が多くの市場占有率を保持し製品開発を活発に行っている。1つの特許の果たす役割が大きく、製品開発まで長期間を要する分野でもある。仮にバイオテクノロジー分野で第3条d項のような条項が挿入される機会があるとすれば、外資系から内資産業を守り物質特許導入のソフトランディングを助ける一助となる可能性があるといえよう。

8-3 今後の課題

　物質特許が導入されたのは2005年1月1日であり、特許のスキームの変更の影響が、インドの製薬業界へ完全に反映されるにはまだ若干の時間が必要と思われる。引き続き状況を注視していく必要があるであろう。

　さらに上述のように「The Economic Times」紙は「モルジ

ブ、パキスタン、スリランカ、ベトナム、インドネシア、マレーシア、バングラデシュが、インド特許法第3条に類似した規定を制定すべく改正作業を始めた」と報じている。その後同紙は「フィリピンが自国の特許法を改正し、第3条d項様の条項を自国の特許法に取り入れた」と報じた。今後、第3条d項様の条項が、それが導入された国々でどのような影響を与えるかを比較研究することによって、本研究が解析した、インドの第3条d項がインド2005年特許法改正に与えた影響の分析から得られた知見がよりいっそう深化されることが期待できる。

また先行研究で指摘されたように、現行のインド2005年特許法改正に盛り込まれた第3条d項には、文言のあいまいさなど多くの問題がある。たとえば「efficacyとは何を指すのか」あるいは「significant enhancement (in efficacy) とはどの程度を表すのか」などである。これら、現行のインド2005年特許法改正に盛り込まれた第3条d項に内在するさまざまな問題を検証するためにも、インド以外の国に導入される第3条d項様の条項を分析することは有意義であると考える。

8-4
エピローグ

インド最高裁、ノバルティス社の
グリベックを巡る裁判でノバルティスの上告を棄却

インドの最高裁判所は2013年4月1日、ノバルティス社の

慢性骨髄性白血病治療薬グリベック(一般名：メシル酸イマチニブ)を巡る裁判で、ノバルティスの主張を退ける判断を下した。同裁判は、インド特許庁が2006年1月に下した、グリベックに対する拒絶査定に対して、グリベックの製造元のノバルティス社が提訴したもので、7年にわたり法廷での論争が交わされた。この中心課題はインド特許法2005年改正法に盛り込まれた「第3条d項」であった。

ノバルティス社は、当該グリベックの特許申請をメールボックスを通じて行った。メールボックスは2005年1月1日に開かれ、インドの特許庁は、2006年1月にノバルティス社のグリベックの特許を拒絶査定した。

ノバルティス社は、インド特許庁の拒絶査定を不満とし、マドラス高等裁判所に同案件を提訴した。論点は2つあり、1つは、グリベック特許の拒絶査定の取り消しを要求したものであり、2つ目は、インド特許法第3条d項がインド憲法およびTRIPS協定に反するとの主張であった。ノバルティス社の2つの論点の内、拒絶査定に関しては新設されたインド知的財産控訴委員会（IPAB）に移管された。

マドラス高等裁判所は、2008年8月、インド憲法およびTRIPS協定違反の案件に判決を下し、TRIPS協定に反するか否かの判断は、WTOの紛争解決手続きにゆだねられるべき案件でありインドの高等裁判所では、TRIPS協定に反するか否かに関しては判断できないとした。憲法違反に関しては憲法に反するものではないと判断した。

一方、インド知的財産控訴委員会（IPAB）は2009年6月に判断を下し、メシル酸イマチニブβ型結晶は既知の物質と実質的異ならないと判断し、拒絶査定を支持した。ノバルティス

社は同年9月に、IPABの判断を不服とし、インド最高裁へ上告したが、上記のように、インド最高裁は2013年4月1日に、ノバルティス社の主張を退ける判断を下した。

ノバルティス社のノバルティスを巡る裁判は世界中で大きな注目を集めた。インドの医薬品は、質が高く、安価であるため、インド国内で広く流通しているばかりでなく、国際的なNGO・NPOなどを通じてインド製医薬品の多くが第3世界に送られ、貧困層に幅広く使われているためである。とりわけ第3世界で医療活動を行っている国境なき医師団（MSF）は、インド製の医薬品を多く使っている。MSFによれば、アフリカで処方されているHIV・AIDS医薬品の80％以上がインド製の医薬品であるという。

最高裁の判断を受けてノバルティス社は、「グリベックは世界中で認められた優れた医薬品だ。それにもかかわらず、インドはその特許を否定した。グリベックは約40カ国で特許によって保護されている。特許は、革新的な医薬品研究開発の基礎だ」との主旨の声明を発表した。ノバルティス社のインド法人ノバルティス・インディアのランジト・シャハニ社長兼副会長は「医薬品のインド市場での販売事業についてはこれまで通り継続するが、インドでの研究開発事業に関しては終了する」と述べ、インドからのR＆D活動の撤退を示唆した。

またノバルティス社の本社があるスイスの新聞各社は、最高裁の判決翌日の4月2日に、「デリーの賢明でないグリベック判決」、「疑わしいノバルティス判決」、「自国の後発医薬品産業を守れば、西側医薬品業界はインドでの新製品売り込みを控えるようになる」「それが『貧困層にとっての勝利』かどうかは疑わしい」など最高裁判決に否定的な論評を掲げた。一方、イ

ンド製医薬品を、途上国で貧困層の治療などに使っている国境なき医師団（MSF）は、「発展途上国向けの低価格なジェネリック医薬品の調達が保護された」として判決を支持した。

　前述のように、新薬開発には多額の投資と長い年月が必要であり、製薬企業は新薬を販売後にその膨大な投資を回収しなければならない。新薬開発は近年益々困難になってきており、開発費はさらに一層増大する傾向にあるといわれている。その一方、途上国の人々の医薬品アクセスを担保することも人命にかかわる重要な問題である。グローバル化がますます進む中、途上国の人々の医薬品アクセスを守りながらも、先進国の先端的な製薬企業の新薬開発も促進していくことが求められている。

　第3条d項が突き付けた問題は、途上国の医薬品アクセス維持と、先進国の先端的な医薬品開発の維持という、一見矛盾した課題であり、両者が協力をして解を見出さなければならない問題である。

【用語解説】

#1　物質特許
　物質の発明に対する特許である。化学、バイオ分野などで創出された新物質そのものに対して認められる特許で、製法によらず広い範囲での特許権の主張ができる医薬品に含まれる新規化合物を保護する特許である。

#2　リバースエンジニアリング
　既存の製品の、構造や仕様を分析し、技術的に重要な情報を明らかにする技術。インドの製薬企業は1970年特許法で物質特許保護が廃止されたため、海外では特許保護下にある医薬品をリバースエンジニアリングし（分析し）、異なる製造手法を生み出し、ジェネリック医薬品として製造し、国内および海外で販売した。

#3　ジェネリック医薬品（後発医薬品）
　成分そのものやその製造方法を対象とする特許権が消滅した先発医薬品について、特許権者ではなかった医薬品メーカーがその特許の内容を利用して製造した、同じ主成分を含んだ医薬品をいう。先発医薬品の特許権が消滅するとゾロゾロたくさん出てくるので「ゾロ」「ゾロ品」「ゾロ薬」などと呼ばれていたが、商品名でなく有効成分名を指す一般名で処方されることが多い欧米にならって、近年は「ジェネリック医薬品」と呼ばれるようになった。

#4　ブランデッドジェネリック医薬品
　ジェネリック医薬品は日本では、一般名で販売されているが、インドではブランド名で販売されている。これらをブランデッドジェネリック医薬品と呼ぶ。国によってはスーパージェネリックとも呼ばれることもある。

#5　先発医薬品（ブランド医薬品）
　新しい効能があり、臨床試験によってその有効性や安全性が十分に確認され、国に承認された薬のこと。先発医薬品の新薬の開発には長い期間（10年以上）と巨額の費用（数十億円から数百億円）が必要とされるほか、製品化できないリスクも他の業界に比べて高い。さらに販売にあたっては規制当局から販売承認を得なければならない。一方、新薬の特許は申請後原則20年で切れる。その

ため上市した後の特許保護期間は、他の製品に比べ短くなることから、常に新たな医薬品の研究・開発が必要とされる。

#6 国境なき医師団（Médecins Sans Frontières:MSF）

非営利の、国際的な医療・人道援助団体である。1971年にフランスで設立された。危機に瀕した人々への緊急医療援助をおもな目的とし、医師、看護師をはじめとする4600人以上の海外派遣スタッフと、2万4000人の現地スタッフをもち、世界65カ国で援助活動を行っている。

#7 特許医薬品

有効な物質特許保護の下におかれた医薬品

#8 開発パイプライン

製薬企業における各薬剤の開発から販売までの一連のライン（体制）のこと。多くの製薬企業では、品目（薬剤）ごとに縦割りの組織（開発・販売）が形成されていることから、石油パイプラインなどの形を模して「パイプライン」とよばれる。

#9 インパクトファクター（impact factor:IF）

自然科学・社会科学分野の学術雑誌を対象として、その雑誌の影響度を測る指標である。現トムソン・ロイター（Thomson Reuters）の前身ISI（Institute for Scientific Information）社の創始者ユージン・ガーフィールド博士が1955年に考案したもので、現在は毎年トムソン・ロイターの引用文献データベースWeb of Scienceに収載されるデータを基に算出している。対象となる雑誌は自然科学5900誌、社会科学1700誌である。

#10 米国食品医薬品局（Food and Drug Administration:FDA）

日本の厚生労働省にあたる米国保健福祉省（Department of Health and Human Services, DHHS）に属している行政機関。「食品・医薬品・健康食品・化粧品」等、消費者が通常生活を営むにあたって接する機会のある製品について、その許可や違反品の取り締まりなどの行政を行う。FDAの承認を受けたものは、「品質・安全性・信頼性」において非常に高いものであるとみなされる。

#11 略式医薬品承認申請（Abbreviated New Drug Application:ANDA）

後発薬メーカーが後発薬を販売するために米国食品医薬品局（FDA）に提出する承認申請をいう。ANDAの場合、後発薬が新薬と「生物学的に同等

(bioequivalent)」であることを示せば、安全性・効果を証明する臨床データを提出する必要はない。FDA は新薬承認申請（New Drug Application）の承認プロセスを踏まずに、新薬の臨床データに基づいて販売を承認する。したがって、後発薬メーカーは、多額の研究開発費をかけずに製品化することができる。米国の「薬価競争及び特許期間回復法（The Drug Price Competition and Patent Term Restoration Act of 1984）」（通称「Hatch-Waxman 法」）の 505 条 j に規定される制度。

＃12　原薬等登録原簿（あるいは医薬品等登録原簿）（Drug Master File：DMF）

原薬（薬理活性をもつ有効成分）の製造関連情報、すなわち、材料、製造、化工、包装、保管、品質にかかわるデータをあらかじめ審査当局に登録しておく制度。DMF は、新薬承認申請のために前もって審査当局に提出する資料で、当局の審査および査察において参考資料とされる。販売承認が必要な段階になると、製剤の販売業者が原薬まで含めて承認申請を行う。しかし、製造方法などは原薬メーカーにとって企業秘密であり、製剤販売業者へのデータ提供が困難である。原薬のデータをあらかじめ登録しておく DMF 制度を導入することにより、販売承認を取得したい企業は申請時にその登録番号を記載することにより、審査当局は登録内容を参照しながら審査を進めることができる。

＃13　臨床試験（治験）

医薬品もしくは医療機器の製造販売の承認申請をするために行われる試験のこと。薬事法第 2 条第 16 項に、「医薬品・医療機器等の製造販売についての厚生労働大臣の承認を受けるために申請時に添付すべき資料のうち、臨床試験の試験成績に関する資料の収集を目的とする試験の実施」とある。従来、承認を取得することが目的であったため企業主導で行われてきたが、薬事法が改正され必ずしも企業の開発プロセスに乗る必要はなく医師主導でも実施可能となった。動物を使用した非臨床試験（前臨床試験）により薬の候補物質もしくは医療機器の安全性および有効性を検討し、安全で有効な医薬品もしくは医療機器となりうることが期待される場合に行われる。

＃14　医薬品の承認申請

先発医薬品の承認申請には、発見の経緯や外国での使用状況、物理的化学的性質や規格・試験方法、安全性、毒性・催奇性、薬理作用、吸収・分布・代謝・排泄、臨床試験など数多くの試験を行い、多くの資料を提出する必要がある。これに対して後発医薬品では、有効性・安全性についてはすでに先発医薬品で確認されていることから、安定性試験・生物学的同等性試験などを実施して基

準をクリアすれば製造承認が与えられる。生物学的同等性試験は、先発品とジェネリック医薬品の生物学的利用能を比較評価することにより行われ、投与者の生物学的利用能に統計的に差がなければ効果も同じで生物学的に同等であるものと判断される。後発品の承認申請時に必要な書類は、規格および試験方法、加速試験（一定の流通期間中の品質の安定性を短期間で推定するために実施する試験）、生物学的同等性試験のみである。

#15　クロスライセンス
特許権者がお互いの持っている特許権を交換するように、相互に利用し合う、すなわち実施できるようにするライセンス。（特許庁ウェブサイトの用語解説より http://www.jpo.go.jp/dictionary/japanese_ku.html）

#16　急性疾患
急激に発症し、かつ（または）経過の短い疾患。途上国の場合慢性疾患に比べて急性疾患患者が多い。

#17　慢性疾患
回復まで時間がかかり、完治しにくく、長期間の治療が必要な疾患。高血圧・糖尿病・高脂血症・高コレステロール血症・肝炎・痛風・緑内障などが含まれる。慢性疾患は、比較的中高年齢層に多く、生活習慣が原因となることが多い。特徴として、初期段階では自覚症状がほとんどないために、適切な処置がなされず、治療開始が遅れてしまい、さらに大きな疾患を併発してしまいがちである。

#18　厚生損失
厚生損失（死重的損失）は、潜在的に実現可能な社会的総余剰（消費者余剰と生産者余剰の和）のうち、実現できずに損なわれている余剰分を指す。

#19　ブロックバスター
年間売上5億ドル、あるいは10億ドル以上の大型製品。（治験ナビウェブサイトより。http://www.chikennavi.net/word/blockbuster.htm）

#20　DDS（Drug Delivery System）
薬剤を膜などで包むことにより、途中で吸収・分解されることなく患部に到達させ、患部で薬剤を放出して治療効果を高める手法。「薬物送達システム」、「薬物輸送システム」などともよばれる。（治験ナビウェブサイトより。 http://www.chikennavi.net/word/dds.htm）

#21　GMP（Good Manufacturing Practice）
　世界保健機関が 1969 年に勧告した医薬品の製造および品質管理に関する基準。(kotobank（大辞林 第三版）ウェブサイトより。　http://kotobank.jp/word/GMP)

#22　キノロン系抗菌剤（Quinolones）
　比較的新しい薬で、耐性菌が少なく、グラム陽性菌から陰性菌、さらにはクラミジア、マイコプラズマとさまざまな細菌に幅広く有効である。抗菌力も強く、飲み薬では治療の難しかった難治性の感染症にも良い効果を示す。セフェム系抗生物質とともに、いろいろな感染症に多用されている（クラビット、タリビッド、シプロキサン、オゼックス、トスキサシン、バクシダール、バレオン、スオード、アベロックス、グレースビットなど）。（おくすり 110 番ウェブサイトより。http://www.okusuri110.com/biyokibetu/biyoki_cnt_22-06.html）

#23　エバーグリーニング
　一般的に、既存の特許商品に軽微かつ重要でない変更を施すことにより特許の独占権を延長することを意味するとされている。第 3 条 d 項はエバーグリーニングを防ぐための条項といわれている。
出典：藤井光夫、「インド特許制度の現状と製薬業界に対する影響」JPMA News Letter No.158(2013/11)　http://mol.medicalonline.jp/newsletter/m86ubn00000002jh-att/2013_158_03.pdf

#24　プロセス特許
　医薬品の成分など、化学物質の製造方法についての特許権をさす。日本でも、1976 年に物質特許が導入されるまでは、製法特許が主流であり、同じ化学物質であっても、製法さえ異なれば、製造することができるという問題点があった。

#25　国際特許分類（International Patent Classification, IPC）基準
　「国際特許分類に関するストラスブール協定」（1975 年発効）に基づき国際的に統一された特許分類。英語表記の International Patent Classification を略して、「ＩＰＣ」と呼ばれ、加盟各国の特許公報等に Int.Cl. という略記号を用いて表記されている。2010 年現在は、2006 年に発効された第 8 版が適用されている。「知財ミニ用語集」より http://suzuki-pat.air-nifty.com/chizaiyougo/cat20308951/

【注】

注1 知的財産権の貿易関連の側面に関する協定（TRIPS協定）…正式には「知的所有権の貿易関連の側面に関する協定」（世界貿易機関を設立するマラケシュ協定付属書1C）と称する。英語名称は Agreement on Trade-Related Aspects of Intellectual Property Rights。日本特許庁のウェブサイトによれば、TRIPS協定（Agreement on Trade-Related Aspects of Intellectual Property Rights,知的所有権の貿易関連の側面に関する協定）とは、知的財産権の国際的な調和をめざして、WTO加盟国（160カ国：2014年5月現在）が自由貿易における秩序を形成するために知的財産権の十分な保護を目的に締結した協定で、加盟国が整備すべき知的財産権の最低限の基準や、内国民待遇（知的財産権の保護に関して、自国民に対するのと同等の待遇を他の同盟国（加盟国）の国民に与える、とする原則。(パリ条約2条，ＴＲＩＰＳ協定3条)「知財ミニ用語集」より）と最恵国待遇の適用（加盟国が他の国（加盟国以外の国を含む。）の国民に何らかの利益、特典、特権または免除を与えたときは、他のすべての加盟国の国民にも同じ取扱いが即時かつ無条件に与えられる、とする原則。(ＴＲＩＰＳ協定4条)「知財ミニ用語集」より）、権利行使や執行（エンフォースメント）について規定している（日本特許庁，2010）。

注2 TRIPSのミニマムスタンダード…TRIPS協定第1条は、TRIPS協定の基本的な性格である最低基準（ミニマムスタンダード）の原則を規定する。Article 1：Nature and Scope of Obligations — "Members shall give effect to the provisions of this Agreement. Members may, but shall not be obliged to, implement in their law more extensive protection than is required by this Agreement, provided that such protection does not contravene the provisions of this Agreement. Members shall be free to determine the appropriate method of implementing the provisions of this Agreement within their own legal system and practice."

注3 特許はどの企業でも重要な経営資源であり、グローバル競争が重要であるという点では一見ほかの産業と変わらないように見えるが、ライフサイエンス分野、その中でも医薬品産業、特に研究開発型の製薬企業における特許の重要性は、ほかの業種に比較して遥かに高いものとなっている。（一般社団法人 日本MOT振興協会ウェブサイトより）http://www.motjp.com/patent/column_2_02.html。

注4 1970年法で物質特許保護が廃止されたのは、製薬、食品、農薬の3分野である。これら3分野でもプロセス特許は継続された。

注5 インディラ・ガンジーによる一連の外資系企業駆逐政策…以下、久保研介編『日本のジェネリック医薬品市場とインド中国の製薬産業』(p.31-32)より引用。［インディラ・ガンジー首相のもとで、私企業や、外国企業に対して、厳しい統制政策がとられる

ようになった。具体的には、大企業や市場を支配する企業の成長を抑制することを狙った「1969年独占・制限的取引慣行法」（Monopolies and Restrictive Trade Practice Act）及び、外国為替取引と「外国企業による投資を制限する「1973年外国為替規制法」（Foreign Exchange Regulation Act：FERA）などの施行がこれに当たる。同政権下では、医薬品産業だけを規制の対象とした統制政策も打ち出された。その１つが、「1970年医薬品価格規制令」(Drug Price Control Order)である。この価格規制令により、「必須医薬品」(essential drugs)を指定し、その価格に上限を設定する権限が政府に与えられた。価格規制令には、医薬品価格を抑えることで、国民の医薬品へのアクセスを促進するという狙いと同時に、製薬企業の利潤を抑えることで、インド以外の国にも進出している外国企業が、魅力の低下したインド市場から他の国での活動へ比重を移すことを促す狙いもあった。さらに、1978年には「新医薬品政策」(New Drug Policy)が実施された。この政策において規制の対象となったのは、インド人以外が全株式の40％超を所有している企業であるFERA企業であった。輸入された原液の使用に応じて国内生産された原液を一定の割合で使用することを求めるなど、インド政府はFERA企業の生産活動に対して様々な規制を加えていった。そのため規制による制約を回避するため、規制の対象となっていた企業はインド人以外の株式の保有率を40％以下に抑えることで外国企業であるFERA企業から、インド人が60％以上の株式を保有しているインド企業へと転換する必要に迫られたのである。]

注6 1911年法から1970年特許法への変更：1911年特許意匠法の下では、医薬品の製法特許のみならず物質特許も認められていた。そのため1960年代には外資系製薬企業がインドの内資製薬企業を特許侵害で訴えるケースが多発した。さらに当時インド製薬企業の売上上位の10社のうち8社が外資系企業で占められていた。この様な外資系の支配に対する与論の反発もあり、1970年にインディラ・ガンジー首相の下で大幅な特許法の改正が行われ1972年に新特許法が施行された。1970年特許法の下では製法特許のみがみとめられ物質特許は認められなくなった。(久保健介「日本のジェネリック医薬品市場とインド・中国の製薬産業」アジア経済研究所(2007/04)より抜粋一部改変)

注7 IDMAの活動…1962年に発足したIDMAには、中小、零細、大企業を含む600社以上の製薬会社が加盟する（http://www.idma-assn.org/）。1970年法から2005年法への改正の際にはロビー活動を行い、2005年のインド特許法改正に影響を与えた。TRIPSに対しては当初は反対の立場をとっていたが、インドがTRIPSに参加してからは、国際協定の義務を守ることを是とする。その一方、Doha宣言に盛り込まれたTRIPSの柔軟性を大いに利用することを奨励し、TRIPS Plus（TRIPS協定で要求される保護水準を越える保護水準を要求するFTAの知的財産条項）の動きをけん制する。
インドの製薬業協会には、IDMAのほか、インドの大手製薬企業が参加しているIndian Pharmaceutical Alliance（IPA）、および、外資系製薬企業が参加しているOrganisation of Pharmaceutical Producers of India（OPPI）がある。

【引用文献】

インド特許庁（2009）インド特許庁より直接入手（訪問相手：Mr. P.H. Kurian Kurian, Controller General of Patents, Designs and Trade Marks and Geographical Indications, Indian Patent Office. Address: Boudhik Sampada, Bhawan, S.M. Road, Antop Hill, Mubai July 24 2009）

秋元浩（2009a）「日本の製薬産業の研究開発戦略とバイオ技術」産学官連携ワークショップ「バイオ・イノベーションの過程と今後の戦略」講演資料，2009 年 3 月 10 日六本木ヒルズ，p43
秋元浩（2009b）同資料

市川智光（2005）「研究開発の視点でみる BRICs 諸国の魅力—知財保護体制の整備進み外資の誘致を活発化」インド・中国アウトソーシング事情 第 1 回，日経バイオビジネス 53，p86-88

医薬産業政策研究所（2005）「"創薬の場"としての競争力強化に向けて—製薬産業の現状と課題—」2005 年 11 月，p4
医薬産業政策研究所（2007a）「製薬産業の将来像～ 2015 年に向けた産業の使命と課題～」p146
医薬産業政策研究所（2007b）同報告書，p175
医薬産業政策研究所（2007c）同報告書，p58
医薬産業政策研究所（2007d）同報告書，p178
医薬産業政策研究所（2007e）同報告書，p118
http://www.jpma.or.jp/opir/sangyo/index.html

岩田敬二（2008a）「インド特許法改正の影響」パテント，Vol. 61 No. 2, pp42-48
岩田敬二（2008b）同上，p44
岩田敬二（2008c）同上，p42

インド大手製薬企業の財務諸表 a：Dr. Reddy's annual report 2012-2013, http://www.drreddys.com/investors/pdf/annualreport2013.pdf
インド大手製薬企業の財務諸表 b：Lupin annual report, http://www.lupinworld.com/archives-annual-report.htm
インド大手製薬企業の財務諸表 c：Sun Pharma annual report, http://www.sunpharma.com/annualreports
インド大手製薬企業の財務諸表 d：Cipla annual report, http://www.cipla.com/Home/Global/Financial/Annual-Report-Chairman-s-Speech.aspx?gid=1296&id=2

小田切宏之（2006）『バイオテクノロジーの経済学』東洋経済新報社，p121
小田切宏之（2006 b）『バイオテクノロジーの経済学』東洋経済新報社，p285

門倉貴史（2005）「曲がり角に立つインドの製薬産業」Asia Trends マクロ経済分析レポート，2005 年 6 月 3 日 http://group.dai-ichi-life.co.jp/dlri/kado/pdf/d_0506a.pdf

上池あつ子，佐藤隆広，アラダナ・アガルワル（2011）「インド製薬産業における生産性ダイナミクス『年次工業調査』の個票データを利用して」RIEB, 神戸大学経済経営研究所，2011 年 6 月 21 日，pp1-37 http://www.rieb.kobe-u.ac.jp/academic/ra/dp/Japanese/dp2011-J01.pdf

川端一博（2007）「インド製薬会社の海外展開」インドの薬業事情第15回，薬事日報，2007年9月11日

久保研介編（2007a）『日本のジェネリック医薬品市場とインド・中国の製薬産業』アジア経済研究所

黒木俊光（2007）「インドの製薬会社の強みと弱み」インド薬業事情第14回，薬事日報，2007年9月4日　http://www.yakuji.co.jp/entry4251.html

桑島健一（2006）『不確実性のマネジメント』日経BP社，p22

国際協力銀行（2008a）「インドの投資環境」2008年11月，p92

「『国際知財制度研究会』報告書（平成23年度）」第4章 ブラジル産業財産法等のTRIPS協定整合性等に関する分析，三菱UFJリサーチアンドコンサルティング株式会社 2012年3月，http://www.jpo.go.jp/shiryou/toushin/chousa/pdf/tripschousahoukoku/23_4.pdf

国際貿易投資研究所（2010）「『国際知財制度研究会』報告書」（平成21年度版）

国境なき医師団（2005）国境なき医師団ウェブサイト，http://www.doctorswithoutborders.org/

椎野幸平（2009）『インド経済の基礎知識 第2版』JETRO　p8

竹田孝治（2009）「ITと並び世界をめざすインド製薬産業ビジネス」インドIT見聞録第74回，日本経済新聞，2009年6月4日

日本ジェネリック製薬協会（2012）「お知らせ」2012年12月13日

日本水産株式会社（2007）「高齢化社会の食生活：糖尿病」，GLOBAL，第57号 2007年8月,p1

日本製薬工業協会ウェブサイト，「治験のルール」より，http://www.jpma.or.jp/medicine/shinyaku/chiken_02.html

日本製薬工業協会ほか編（2007）『「くすり」と「治験」改訂第4版』p8（日本製薬工業協会ウェブサイト上で公開）
http://www.jpma.or.jp/medicine/shinyaku/pdf/chiken_081.pdf
日本製薬工業協会（2009a）「インド薬業事情」研究資料No.400，2009年7月 p15
日本製薬工業協会（2009b）同上，p7
日本製薬工業協会（2009c）同上，p5
日本製薬工業協会（2009d）同上，p67

日本総合研究所（2005）経済産業省委託調査「平成16年度アジア産業基盤強化等事業（日印経済関係深化のための分野別研究調査）報告書」平成17年2月

野地徹（2006）「インド製薬産業の現状—市場，企業動向と環境変化への戦略—」Mizuho Industry Focus, Vol.51，みずほコーポレート銀行産業調査部，2006年11月2日 https://www.mizuhobank.co.jp/corporate/bizinfo/industry/sangyou/pdf/mif_51.pdf

藤井光夫（2011）「第4章 インド特許法等のTRIPS協定整合性に関する分析」『国際知財制度研究会』報告書（平成22年度），三菱UFJリサーチ＆コンサルティング株式会社，2011年2月，p113

増田耕太郎（2007）「インドのジェネリック製薬企業の対日進出の背景と進出課題」季刊 国際貿易と投資，Spring 2007/No.67, p103

増田耕太郎（2009）「成長が続くインドのバイオ・テクノロジー産業と直接投資」季刊 国際貿易と投資，Autumn 2007/No.77, p106-122

マドラス高等裁判所（2007）判決文，In the High Court of Judicature at Madras, Aug. 6, 2007 ウェブサイト．http://www.rkdewan.com/pdfs/other/judgementGlivec.pdf

松島大輔（2009）「インド製薬産業を巡る最新企業動向と戦略的位相」JETRO・JPM インドセミナー発表資料，p15

丸山亮（2004）「TRIPS 協定と医薬品アクセス問題の今後」，特集：知的財産法制研究，季刊 企業と法創造，1(2), p177-184

三森八重子（2010）「インド特許法 2005 年改正に盛り込まれた第 3 条 d 項の製薬産業への負のインパクト軽減効果にかかる検証」技術と経済，No.526, pp.50-57 http://www.jates.or.jp/dcms_media/image/tecnicaleconomy_2010index.pdf

湊一樹（2007a)「第 2 章 インド製薬産業—発展の制度的背景と TRIPS 協定後の変化」『日本のジェネリック医薬品市場とインド・中国の製薬産業』久保研介編，アジア経済研究所，p24
湊一樹（2007b）同書，p31
湊一樹（2007c）同書，p32
湊一樹（2007d）同書，p34-35

森詩郎（2007）「インドの最新知的財産事情 (1) 改正特許法で相次ぐ製薬企業の研究開発拠点新設」日経 BP 知財 Awareness, 2007/12/03   http://chizai.nikkeibp.co.jp/chizai/etc/jetro20071203.html

山名美加（2007a)「インドにおける医薬品産業と特許法—Novartis 事件からの示唆—」特許研究，No.44, 2007/9, p41
山名美加（2007b）同上，p37   http://www.inpit.go.jp/content/100030581.pdf

山根裕子（2008）『知的財産権のグローバル化』岩波書店

尹宣熙（2009）「技術変化による韓国特許制度の変化 (イノベーションによる特許制度の変化)」東京大学・京都大学合同 国際シンポジウム 2009 イノベーションにおける競争と協調 発表資料，2009 年 6 月 11 日京都大学

ライブドアニュース，2007 年 3 月 19 日，「WHO 新事務局長がタイのエイズ治療薬への強制実施権発動に警戒感表明」グローバル・エイズ・アップデート．http://blog.livedoor.jp/ajf/archives/50879610.html

渡辺裕二（2009）「インドにおける医薬品の知的財産保護」「TRIPS 研究会」調査報告書平成 20 年度 http://www.jpo.go.jp/shiryou/toushin/chousa/pdf/tripschousahoukoku/h20_houkoku_ikkatsu.pdf

Basheer, S. & Reddy, T.P. (2008) "The Efficacy of Indian Patent Law: Ironing out the Crases in Section 3(d)," Scripted, Vo. 5, Issue 2, August 2008

Business Insights "The Indian Pharmacentical Market to 2011," 2007

Bhojwani, Dr. H.R. (2005) "Developing Innovation Capacity in INDIA" submitted to The Centre for the Management of Intellectual Property in Health Research and Development, p7

Bond, E. et al.（2012）"Compulsory licensing, price controls, and access to patented foreign products," Vanderbilt University, April 2012, http://www.wipo.int/edocs/mdocs/mdocs/en/wipo_ip_econ_ge_4_12/wipo_ip_econ_ge_4_12_ref_saggi.pdf

Chadha, A.（2009）"Trips and Patenting Activity: Evidence from the Indian Pharmaceutical Industry," NUS Department of Economics Working Paper No. 0512

Chaturvedi, K. and Chataway, J.（2006）"Strategic integration of knowledge in Indian Pharmaceutical firms: creating competencies for innovation" International Journal of Business Innovation and Research 1 (1-2), p27-50

Chaudhuri, S. et al.（2006）"Estimating the Effects of Global Patent Protection in Pharmaceuticals: A Case Study of Quinolones in India," NBER Working Paper Series, Working Paper 10159 Dec. 2003

Department of Pharmaceuticals, Government of India（2009）"Annual Report 2008-2009," http://pharmaceuticals.gov.in/annualreport0809.pdf

Dua, K.（2007）"NDDS Scenario in India : Vital Role of Pharma Professionals," Pharmainfo.net, 08/14/2007

Espicom Business Intelligence, 2009
Espicom Business Intelligence, 2010　p54

Ernst & Young（2006a）"Pharmaceuticals: Market & Opportunities."
Ernst & Young（2006b）同レポート，p4
Ernst & Young（2006c）同レポート，p10
Ernst & Young（2006d）同レポート，p11

Grace, C.（2004a）"The Effect of Changing Intellectual Property on Pharmaceutical Industry Prospects in India and China," Considerations for Access to Medicines, DFID Heath Systems Resource Centre, June 2004
Grace, C.（2004b）同上、p37

Greene, W.（2007）"The Emergence of India's Pharmaceutical Industry and Implications for the U.S. Generic Drug Market", Office of Economic Working Paper, No. 2007-05-A, p15

GSKとのインタビューより　相手：Dr. Hasit Joshipura, Vice President, South Asia & Managing Director India, at GSK Head Office in India (GSK House, Dr. Annie Besant Road, Worli, Mumbai 400030), July 23, 2009

Joseph, R.K.（2009）"India's Trade in Drugs and Pharmaceuticals: Emerging Trends, Opportunities and Challenges," RIS Discussion Paper #159, pp1-45 http://ris.org.in/publications/discussion-papers/420

IDMAウェブサイト（2010）IDMAウェブサイト，http://www.idma-assn.org/　2010

IMS Health（2010）"Biopharma Forecasts & Trends : IMS Announced 17 Countries Now Rank as High Growth Pharmerging Markets; Forecast to Contribute Nearly Half of Industry Growth by 2013." http://www.imshealth.com/portal/site/ims/menuitem.d248e29c86589c9c30e81c033208c22a/?vgnextoid=01624605b5367210VgnVCM100000ed152ca2RCRD

IMS World Review Executive　2010 年 3 月 16 日

IPAB（2009）判決文, Intellectual Property Appellate Board, June 26, 2009　ウェブサイト, http://www.ipab.tn.nic.in/Orders/100-2009.htm

Kale, D. et al.（2007）"Reconfiguration of competencies for innovation - The case of the Indian pharmaceutical industry" Open University Business School, A Conference in honour of Keith Pavitt, 13th-15th November 2003

Kripalani, M.（2005）"India: Bigger Pharma" Business Week On-line, 2005 年 4 月 17 日, http://www.businessweek.com/stories/2005-04-17/india-bigger-pharma

La Croix, S. J. & Kawaura, A.（1996）"Product Patent Reform and its Impact on Korea's Pharmaceutical Industry" International Economic Journal, Vol.10 No.1, p109-124

Lanjouw, J.O.（1997）"The Introduction of Pharmaceutical product patents in India: Heartless Exploitation of the Poor and Suffering?," Economic Growth Center, Yale University, Discussion Paper No. 775

OECD 編著（2009a）『図表で見る世界の医薬品政策』坂巻弘之訳, 明石書店, p58
OECD 編著（2009b）同上書, p62

Pharmabiz.com（2010）"NDDS : New lease of life to an old molecule" Nov.21, 2010（2010 年 2 月 26 日投稿）

Prasad, G.C.（2007）"Copycats popping patent law pill" The Economic Times, Aug.13, 2007, http://articles.economictimes.indiatimes.com/2007-08-13/news/27677651_1_patent-law-section-3d-dg-shah

Sampath, P.G.（2006）"Economic Aspects of Access to Medicines after 2005: Product Patent Protection and Emerging Firm Strategies in the Indian Pharmaceutical Industry," United Nations University-Institute for New Technologies U（UNU-INTECH）

Sawhney, A.（2007）"Globalization of Indian Pharmaceutical Industry（インド製薬産業の国際化）" CPhI Japan 2007（主催：化学工業日報社・CMP ビジネスメディア）における発表資料, 東京ビッグサイト 2007 年 4 月 18 日

Srihari, Y., Padmaja, S. and Rao, G.S.（2009）"Implications of Drug Price Competition and Patent Term Restoration Act (DPCPTRA) on Indian Pharma Industry" Journal of Intellectual Property Rights, Vol. 14, Nov. 2009, p501-512

Tata Strategic Management Group（2008a）"Asia Business Generator Project: Overview of Indian Pharmaceutical Industry" 2008 年 3 月, p2
TATA Strategic Management Group（2008b）同レポート, p1
TATA Strategic Management Group（2008c）同レポート, p4
TATA Strategic Management Group（2008d）同レポート, p5

Third World Network（2001）"TRIPS, Patents and Access to Medicine: Proposals for Clarification and Reform," Third World Network Briefing Paper June 2001

Visiongain（2009）"Indian Pharmaceutical Market Outlook 2009-2024" p32

WTO ウェブサイトより，http://www.wto.org/english/docs_e/legal_e/27-trips_08_e.htm
1970年特許法（The Patents Act, 1970）：Indian Patent Office Website, http://www.ipindia.nic.in/IPActs_Rules/IPActs_Rules.htm

インド株式オンラインウェブサイト（2010），「インドの製薬業界」，http://www.indokeizai.com/industry/medicine.html

インド特許庁ウェブサイトaより，Indian Patent Office website 2010, History of Indian Patent System, http://ipindia.nic.in/ipr/PatentHistory.htm
インド特許庁ウェブサイトbより，Indian Patent Office website, IP Act and Rules , http://www.ipindia.nic.in/IPActs_Rules/IPActs_Rules.htm
インド特許庁ウェブサイトcより，Indian Patent Office website, http://ipindia.nic.in/ipr/patent/patent_2005.pdf
インド特許庁ウェブサイトdより，The Office of the Controller General of Patents, Designs, Trade Marks and Geographical Indication, Government of India website, http://www.ipindia.nic.in/
インド特許庁ウェブサイトeより，Annual Report of the Office of the Controller General of Patents, Designs and Trade Marks and Geographical Indication 2008, http://ipindia.gov.in/cgpdtm/AnnualReport_English_2008_2009.pdf

インドナショナル証券取引所ウェブサイト，The National Stock Exchange (NSE) website, http://www.nseindia.com/

厚生労働省ウェブサイトより，http://www.mhlw.go.jp/topics/bukyoku/isei/chiken/1.html

国境なき医師団ウェブサイト，http://www.doctorswithoutborders.org/

治験ナビウェブサイトより，「（医薬品の）特許期間」，http://www.chikennavi.net/word/tokkyokikan.htm

特許庁ウェブサイトaより，特許法67条2項，http://www.houko.com/00/01/S34/121.HTM#s4.1
特許庁ウェブサイトbより，http://www.jpo.go.jp/shiryou/s_sonota/fips/pdf/india/tokkyo.pdf

日本製薬工業会ウェブサイト，「治験のルール」より，http://www.jpma.or.jp/medicine/shinyaku/chiken_02.html

IBEF ウェブサイト，http://www.ibef.org/industry/pharmaceutical_index.aspx

IDMA ウェブサイト，http://www.idma-assn.org/

IPA ウェブサイト，http://www.pharmafile.com/

JETRO ウェブサイト：「国・地域別情報」（J-FILE）インド基礎的経済指標，http://www.jetro.go.jp/world/asia/in/stat_01/

National Informatics Centre ウェブサイト，"Economic Survey 2009-2010"
http://indiabudget.nic.in/es2009-2010/esmain.htm

OPPI ウェブサイト，http://www.indiaoppi.com/

著者略歴

三森八重子(みつもり・やえこ)

現在筑波大学ビジネスサイエンス系准教授。専門は、イノベーション管理、技術経営、イノベーション政策。米コロンビア大学ジャーナリズムスクール修了。米ハーバード大学ケネディスクール卒業（ハーバード大学より行政学修士（MPA）取得）。東北大学大学院技術社会システム専攻より博士（工学）取得。文部科学省科学技術政策研究所（NISTEP）国際研究協力官、独立行政法人理化学研究所基幹研究所、国立大学法人東京工業大学産学連携推進本部、国立国会図書館調査および立法考査局・文教科学技術調査室を経て、現職。名古屋商科大学非常勤講師。

インド特許法改正と医薬品産業の展望

2015年2月26日　第1刷発行

著　者　三森八重子
発行者　藤田貴也
発行所　株式会社医薬経済社
　　　　〒103-0023
　　　　東京都中央区日本橋本町4-8-15 ネオカワイビル8階
　　　　電話番号　03-5204-9070
　　　　URL http://www.risfax.co.jp

装　丁　佐々木秀明
印　刷　三美印刷株式会社

©Yaeko Mitsumori 2015, Printed in Japan
ISBNコード：978-4-902968-51-4

※定価はカバーに表示してあります。
※落丁本・乱丁本は購入書店を明記のうえ、送料弊社負担にて弊社宛にお送りください。送料弊社負担にてお取替えいたします。
※本書の無断複写（コピー）は著作権上の例外を除き、禁じられています。